ADHDの子どもを育む

Overcoming ADHD:
Helping Your Child Become Calm, Engaged, and Focused—WITHOUT A PILL

DIRモデルにもとづいた関わり

スタンレー・グリーンスパン 著
Stanley I. Greenspan, M.D.

ヤコブ・グリーンスパン 著
Jacob Greenspan

広瀬宏之 監訳　越後顕一 訳

創元社

Overcoming ADHD

by Stanley I. Greenspan, M.D.

First published in the United States by Perseus Books
a member of Perseus Books Group

Japanese translation rights arranged with Perseus Book, Inc., Cambridge, Massachusetts
through Tuttle-Mori Agency, Inc., Tokyo

まえがき

越後 顕一

本書は、DIR/Floortimeで知られるスタンレー・グリーンスパンとヤコブ・グリーンスパンが、ADHDを抱える子どもたちへの治療的な関わり方や療育方法について紹介したものです。ADHDについてグリーンスパンは、種々の発達的問題が重なり、多動や不注意としての症状が顕在化するのであって、単一の原因から生じる障害ではないと考えます。その治療においても、認知面や運動面の発達的課題だけでなく、子どものこころや家族のあり方から、栄養状態や光や音などの物質的環境の影響にまで、幅広く目を配ります。

グリーンスパンは、「単純な解決策では複雑にからみあった問題には歯が立ちません」と語ります。治療に取り入れられるものも、発達心理学的視点、行動療法的視点、精神分析的視点など多様です。絡まった糸を一つの方向に無理にひっぱると、その絡まりようは、いっそう頑なになってしまいます。子どもの不注意と多動性についても、単一の理論のみによる力技的アプローチではなく、その背景にある発達的課題の一つひとつを細かくひも解くことの重要性を、グリーンスパンは強調しています。

本書のアプローチは発達論を軸とした包括的・折衷的なアプローチであり、グリーンスパン自身が目の前の子どもに丁寧に関わる中から練り上げた、臨床知の結晶とも言えます。ですので、療育や保育や教育の現場で子どもと格闘している人にとっては常識的に感じられる箇所も多いかもしれません。たとえば第2章であげられている、“ちょうど良い感覚水準を見つける”“その子が元来持っている興味や関心に着目して、その興味や関心をふくらませていく”“常同行為をたださせておかない”“子どものリズムに合わせる”などは、子どもに関わっている人にとっては、日々の実践になじむ助言です。第9章であげられている家族や周囲のおとなが陥りやすいパターンも、訳者自身の日ごろのあり様を皮肉られているような気がして、原著を前に思わず苦笑してしまいました。

こうした折衷的なアプローチと並行して、子どもを取り巻くおとな同士も、互いに荷物を分け合って背負いながら問題にあたろうと、グリーンスパンは誘います。周囲の連携の必要性もさることながら、発達障害をめぐる種々の理論やアプローチ同士が手をとり合うことも、グリーンスパンは願っていたのではないでしょうか。

本書であげられる種々の視点の軸となっているのは、グリーンスパンの、子どもの育ちに対する信頼感です。各章において、発達領域のそれぞれを育むための遊びが紹介されています。本書で挙げられる遊びはアメリカ風ですが、もちろん日本風にアレンジすることも可能です。たとえば“だるまさんがころんだ”などは、声と動作を合わせる能力、不安定な姿勢で耐えるバランス感覚、言葉のスピードをさじ加減する能力などが育まれる遊びです。本書にある視点を組み合わせて、オリジナルの遊びをつくることも可能です。

グリーンスパンの挙げる視点は、遊びの設定の際だけでなく、子どもとの日常で広く活用できる視点です。たとえば訳者も第4章と第5章を読み、その子の動きの組み立て方やつなぎ方、感覚刺激への反応のし方を測りながら、声かけの長さや音調や大きさを調節するようになりました。その子が安心して理解できるよう配慮した視覚的手がかりの提示や環境の構造化の際にも、本書の視点が活きると思います。

グリーンスパンの真意を十分に訳出できたかどうかは、訳者の力量ではなはだ心もとないところではありますが、本書が、注意と行動に苦労を抱える子どもたちに寄り添う際のヒントとなれば幸いです。

私がグリーンスパンについて知ったのは、京都文教大学教授の川畑直人先生との雑談がきっかけでした。川畑先生より創元社の津田敏之さんをご紹介していただき、津田さんのご尽力により、広瀬宏之先生に監訳をしていただけることとなりました。校正の際、同じく創元社の宮﨑友見子さんにもあれこれと奔走していただきました。そして、私の職場である京都市児童福祉センター、八幡市教育研究所の職員の皆さんとの日々の実践、なにより相談の場に足を運んでくれる子どもたちとご両親との毎日の出会いが、訳出の源泉となっています。すべての皆さんと、本書を世に出すきっかけをくれた不思議な縁と出会いに感謝したいと思います。

目　次

ADHDの子どもを育む

―― DIRモデルにもとづいた関わり ――

本文イラスト　岡邑とも子

カバー装丁　濱崎実幸

第 1 章

ADHD への新しい視点

数え切れないほどたくさんの子どもたち、おとなたちが、注意欠陥・多動性障害と診断されます。診断がつけられる人は、全体の人口の1%から20%と推察されますが、大半の調査研究では、この障害を持つ子どもたちは、子ども全体の8%以上にのぼるとしています。現在、この障害を持つ人の大多数は、薬物療法を受けており、薬物療法がこの障害の治療の主流となっています。ほかに、学校では、前の席にするなどの特別の支援を受けている子や、衝動や不適切な行動を制限するためさまざまな行動統制プログラムを受けている子もいます。しかし残念なことに、そういったプログラムは、子どもが何かに注意を払ったり、集中したり、自分の行動をコントロールしたりする際の背景にある原因には、ほとんど手が届いていません。

注意欠陥障害（ADD）、注意欠陥・多動性障害（ADHD）の子どもやおとなは、薬物療法なしに、その困難を乗り越えることができるかどうか？　「はい、できます」というのが、ADHDの大多数の人へ向けての答えです。それを可能にするには、一人ひとりの不注意性の背景にある問題を特定し、治療することが鍵です。精神神経系の多くの部分が、注意力に影響を与えています。そして人は一人ひとり、ユニークな特徴を持っています。過去30年以上の臨床経験で、われわれはADHDやそれに関連した障害に苦しむ人々の、すべての年代——乳幼児から、小学生、中高生、青年期からおとなまで——に関わり、同時に多くの調査研究も行ってきました。そして、この臨床経験に基づき、注意する、自分をコントロールする、問題を解決する、持続するなどにあたって必要な、さまざまな能力を、体系的に強化していく治療プログラムを作りあげました。

治療プログラムを作りあげる取り組みから、われわれはADHDに対して、新しい考え方をするようになりました。ADHDは、溶連菌による咽頭炎のような、単一の原因から生じる障害ではない、ということです。現在大勢の人が考えているのとは逆に、精神神経系のただ一つの部分に、ADHDの原因があるわけではないのです。むしろ、たくさんの異なる道すじをたどって、不注意とか、多動性とかよばれる症状に行き着いているのです。たとえば、視覚や聴覚、ほかの感覚に過敏なため、きわめて落ち着かなくなる子がいます。これと反対に、新しい視覚刺激や聴覚刺激、触覚刺激を追い求めて、あっちからこっちへと、絶えず動き回ってしまう子もいます。また、視覚や聴覚をはじめとして、感覚そのものへの反応が乏しいため、自分の想像の世界に引きこもってしまい、そのせいで不注意に見られる子もいます。また、“森で迷子になって”しまって、物事の全体像を描くのが難しい子もいます。からだの動きを組み立てて、滑らかにつないでいきにくいということもまた、注意力に課題のある子どもの多くが抱えている問題です。

こういったさまざまな問題のパターンが、特定の子どもを特徴づけています。ここに、ADHDやADDについての新しい考え方の要点があります。また、われわれが練り上げてきた、子どもや家族それぞれに合わせて作り上げた治療プログラムの要点でもあります。つまり、子どもの特性を把握すること、乳児期から幼児期、青年期と、日常生活や学校生活で生じる困難を把握することだけが、治療プログラムの土台となるのではありません。定型発達でみられる注意の定位と焦点化に必要な能力をどのように伸ばしていくのかこそ重要なのです。われわれが開発してきた、運動や認知の能力を伸ばす遊びによって、子どもの心理面も発達します。心理面が発達することによって身体的な構造と脳神経の働きが同じように発達することは、多くの研究結果から明らかです。残念なことに今日、注意障害の根幹には十分な光が当てられていません。ADHD の表面的な症状を減少させることにのみ治療の意識が向いています。

注意とは何か

注意については、考え方の方向性が二つあります。一つは、人間の神経システムの特徴として捉える方向です。注意することができているか否か、もしできていないのなら、リタリン、アデロール〔訳者註：日本未発売〕、コンサータといった中枢刺激薬が必要だ、とする考え方です。注意はいくつもの要素から成り、学習されるプロセスだとするのが、もう一つの方向です。生後 1 ヵ月の赤ちゃんが、お母さんの声のする方に顔をむけ、お父さんの顔を見つめて、にっこりと笑うこと、これが注意の起源です。よちよち歩きの赤ちゃんが、お母さんの手をとって、オモチャのある棚の方にひっぱり、クマのぬいぐるみを欲しがって指さす、これが、問題解決のための、主体的かつ実践的な注意の使い方です。教室で座り、先生の話を聞き、先生の言うことに従い、もっと教えてほしくて手を挙げる、これこそが、問題を解決するための主体的でダイナミックな注意の使い方です。

注意のあり方の違いについては、発達の早期にその予兆があります。生後 2 ～ 4 ヵ月の赤ちゃんが、お母さんからの笑顔にあわせて顔をむけてじっと見つめる、お父さんからの優しい声にダーと返事をかえすようになる時期、その注意を持続する能力に、個人差が見られるようになります。8 ～ 12 ヵ月になると、イナイイナイバァとか手遊び歌のようなやりとり遊びをしているときや、親と型はめ遊びをしているときに、それがなかなか続かず、短い時間しか遊べない子もいます。2歳になると、お気に入りの人形やミニカーで遊んでいるときでも、オモチャからオモチャへとただ動きまわり、あっちこっちと手に取って遊び、ひどく落ち着かない子も出てきます。幼児期になると、いつも動いていて、話題が転々とし、会話やお遊びの際、じっとしていられない子もいます。ほかに、特定の対象への注意が強すぎるために、かえって不注意につながったり、呼吸をあわせるやりとりが続けられなかったりするパターンもあります。たとえば、お気に入りのオモチャ、一方通行の楽しみ（テレビとかテレビゲーム）にはよく集中するのに、人に注意を向けなおすことは難しく、お母さんやお父さんが声をかけても上の空、という子もいます。

本人の動機づけの違いによって、注意のあり方がかわることもあります。本やブロック遊びなど、自分のしたいことには熱心なのに、他の人が選んだことに、もっと積極的に参加するように言われたり、学校での学活の時間みたいにあらかじめ決まりごとがあったりすると、やる気がなくなってしまうような場合です。また、子どもにどこまで期待し、どこまでを許容するかにより、問題とされることが変わる場合もあります。たとえば、ずっと一人で遊んでいる子が、自己刺激的というよりも、"自立している子""おとなしい子"とみられることがあります。小さい子の注意のスパンはたいへん短くて、幼稚園や保育園、家庭では、分刻みで活動が移り変わるくらい元気で十分という考えもあるでしょう。

われわれは日々子どもに関わっていますが、注意については、たくさんの神経系システムが同時に活性化される、ダイナミックで活動的なプロセスとして捉えています。注意には、視覚情報や聴覚情報、触覚情報の取り入れという要素があります。つまり注意には、情報処理という側面、活動の流れを組み立てて実行するという側面がふくまれています。情報を取り入れ、処理し、理解し、それに基づいて動きの流れを組み立てて実行することができれば、十分に注意することができていると言えます。それはただ静かに座っていることではありません。あちこち動き回り、いつもそわそわと落ち着かず、きわめて活動的でありながらも、すばらしい人は大勢います。社会的に成功している教授やエンジニア、医者、弁護士、シェフ、そしてすばらしい両親が、その例と言えるでしょう。その人の“機能的注意（自分の置かれた状況を理解し、自分のものとすること）”がどれくらい働いているかは、いま述べたさまざまな能力を、どれくらいうまく活用できているかどうかにかかっています。これができている人は、注意が足りている人だと言えるでしょう。

こういう風に考えると、臨床の中で出会うさまざまな問題が、うまく説明できます。ADD や ADHD と診断されて、筆者のところにやってくる子どもたちのほとんどは、“動きを組み立てる、動きをつなぐ”ことに、問題を抱えています。つまり、たくさんの手順からなる動きを遂行できず、言葉での指示や視覚情報に応じたり、周囲の環境で必要とされること、たとえば障害物をよけて行く、といったことに、うまく対応することができないのです。ほかに、触感や音に敏感すぎて、たとえばとなりに座っている子の立てる雑音のせいで、すぐ落ち着かなくなってしまう子も少なからずいます。過敏な反応が、不注意につながるわけです。

普通の話し声が耳に入らないとか、かなりしっかりと触らないと触れられていることに気づかないなど、感覚に対して反応が乏しく薄い子どもも、不注意に見えてしまいます。先日筆者の外来にやってきた少年の例を挙げましょう。ゲーム機に夢中になっている彼が、顔をあげて筆者に気を留めるまで、5分間、普通の声のトーンで彼に話しかけました。筆者の声に耳を傾けることがどれくらいできるのか、どれくらい反応が乏しいのかを見きわめたかったので、ゲームはしばらく続けてもらいました。彼とのやりとりのなかで、筆者が声の調子を強めると、彼は毎回すぐに気づいてくれますが、普通の声で話しかけた場合は、ほとんど耳をかさず、そっぽを向いている、ということがわかりました。これまでの来歴を丹念に検討すると、彼は多くの感覚に対して反応が乏しいということがはっきりしました。

刺激を求めるタイプの子は、鈍感な子もそうでない子も、触感や視覚刺激、音、身体の動きを、もっともっとと、常に追い求めているので、絶えず動き回り、落ち着かず、不注意な状態にあります。こういう子は、ADHDと診断される典型的なタイプです。

ほかに、情報の処理や組み立てに問題を抱えるADHDの子どももいます。“二階に行って靴をはいて戻ってきて。それからお外に出る準備をして、お昼ごはんを食べに行くのよ”と言うと、文章の最初の部分だけしか伝わらない場合があるのです。つまり“二階に行って”のところだけが伝わって、何をしなければいけないのかは、頭から抜け落ちてしまうわけです。情報の組み立てができないと、口頭で言われる複雑な文章構造を、自分のうちに留めておくことが難しくなります。また、自分の部屋までの道すがらにあるオモチャに気がそれてしまい、そもそもなぜ二階に上がったのかを忘れてしまう子も、不注意として見られるでしょう。

段取りを立てて手順を組み立て、問題を解決する能力は、“実行機能”と言われます。これには、動きを組み立て、動きをつなぎ、意図をもって問題を解決することが関係してきます。感覚を介して情報を取り入れ、その情報を処理し、問題を解決するために一連の動きのなかでその情報を活かす。これら全体が実行機能と考えられるでしょう。実行機能となると、動きや言葉を組み立ててつないでいくという、いちばん最後の部分に意識が向きますが、最初の二つのステップも同様にカギを握っているのです。

視空間処理といったほかの問題も、注意に影響を及ぼします。物事の全体像が描けない子が、もし靴を取りに二階にあがったとしても、部屋の全体像がつかめないため、要領よく探すにはどうしたらいいかわからないのです。まずベッドの近くを探してみて靴が見つからないと、ほかにありそうな場所を思い描けないので、わからなくなってしまうことになります。

これまで挙げてきた例のように、ADD や ADHD は、けっして単純な診断ではありません。不注意性は外見の症状であり、根本的な問題は、動きを組み立てることやつなぐこと、情報刺激への過敏な反応、視空間処理の課題など、もっと深いところにあるのです。

われわれが身を置く文化で求められること

ADD や ADHD の原因については多くの仮説があります。最近では、それは単なる個人差であって、周囲の環境に対してすばやく反応して動くための、進化的に優位な特徴なのではないか、とする研究者もいます。たしかに、学校の教室で机に向かって座り、先生の方を見て先生の話に集中し考えるというようなことは、周囲で起こるあらゆることによく気づき、いつも立ち上がって歩き回り、何か見つけようとしている人にとっては、難しいことでしょう。ADHD と診断されるのは、女性より男性が多いのですが、この男女差は、われわれ人類の進化の過程を物語っているのです。つまり、男性は外の世界に出て、家族の毎日の食事のために、危険な状況で狩りをする必要があったのです。今日の文明社会では、外の世界に出て活動する必要性がほとんどなくなり、教室や仕事場で、じっと座って集中することが要求されるようになりました。スクリーンの前に座り、テレビゲームをするといったように、レクレーションでさえも今日では受動的なものとなっています。われわれが生きる文化が、われわれに何を要求しているか、どういった活動の機会を与えているかは、ADHD を定義づける際、視野に入れておかなくてはならないことです。後に詳しく述べますが、子どもたちが、さまざまな状況に対して柔軟かつ適切に対処できるようになることが、この本で考える目標の一つです。たとえば、スポーツやダンス、キャンプに参加しているときには、活動的に動き、ちょっとしたサインに目ざとくありながらも、周囲の動きにあわせることを忘れない。学校の先生の講義を聞いているときには、いつもより意識を集中して、静かに聞いている。このような形を目標とします。

生物学的要因により ADHD が引き起こされるとする、有力な説も数多くあります。最近の神経科学的知見では、前頭葉が ADHD に影響しているとしています。その中でも、前頭前野の役割が強調されています。また、実行機能（動きを組み立て、つなぐこと）の障害は、前頭前野と前頭葉に帰されるとも言われています。また、小脳も影響しているとする知見もあります。こういった調査研究は、現在も続いています。しかしどういう方向性であっても、一人ひとりの特性を分析し、多動性や不注意の背後にある得意不得意に注意を向けることが、子ども本人にとって意義のあることでしょう。次章からは、治療プログラムの全体を概観していきます。

第 2 章

包括アプローチ

ADHDやADDの診断を受けている人だけでなく、診断基準は満たさないけれども注意に関してさまざまな課題を抱えている人に向けて、治療プログラムを説明していきます。このプログラムでは、注意集中を支えている能力のそれぞれを伸ばしていくことが目的です。このアプローチでは薬物療法は必要としません。薬物療法によって改善する子どもやおとなもいますが、薬物療法を考える前にできることはたくさんあります。筆者は日々の臨床で薬物治療の専門家を紹介する前に6～12ヵ月間、包括的なアプローチを試してみることにしています。この期間こそ、最も重要な第一歩といえるでしょう。もちろん薬物療法を全面的に否定しているのではありませんが、ADHDやADDでありながら、薬物を必要としない子も大勢いることは、包括的なアプローチの実践からも明らかです。包括的なアプローチの一部分として、薬物療法の視点が取り入れられるなら、投薬の量も期間ももっと少ないものとなるでしょう。注意に関連した能力がある程度育っても、なお問題が残っている場合、その能力が十分育つまで、少なめの量で、短い期間処方することが有益です。

薬物療法で心配なことの一つに、よく知られている副作用、興奮作用や睡眠障害、肥満〔訳者註：一般的には体重減少の方が問題になりやすい〕に加えて、多くの子どもが、感情的にも認知的にも、縛りつけられた感じになってしまうことがあります。ユーモアのセンスや想像力も、鈍くなってしまう場合があります。薬物によって、意識は狭く集中できるかもしれませんが、その子の可能性も狭めてしまうことになります。薬物を必要とする子どもがいるとは思います。しかし基本原則として、少なくとも6～12ヵ月間は根っこにある問題を改善させるように努め、薬物療法を検討する前にどれくらい状況がよくなっているか確認するとよいでしょう。最初の6ヵ月で、根っこにある問題に改善が見られ、注意の能力が伸びているなら、子どもの発達は、よい方向に進んでいるといえるでしょう。

七つの目標

次章から、ADDやADHDへの包括アプローチの一つひとつを、さらに細かく述べていきます。概略を以下に記します。

1. 運動機能を伸ばす

年齢に応じた自然な形で、神経システムを活用し、からだをコントロールするため、その土台となる能力に働きかけます。たとえば、バランス感覚、協調運動、からだの右側と左側の統合、手と目の協応、微細運動、粗大運動といった能力です。

2. 動きや考えを、組み立ててつなげるようにする

前にも述べましたが、注意に問題のある子のほとんどは、動きや考えをつなぐことが上手ではありません。宝探しゲームのように手がかりから手がかりへとたどるというのは難しいですし、障害物を避けて進むといったような、からだの動きを連続させてつなぐことも上手ではありません。年齢があがって、文章を書くときに複雑な指定に従えないことにもなりかねません。からだの動きを組み立ててつなぐというのは、視覚的手がかりに応じて目に見える動作をつなげることだけではなく、言葉から言葉へとつなげることも含んでいます。

3. 感覚の反応を調節する

ADHD や ADD の子の多くは、感覚の処理の仕方に課題を抱えています。少なくとも一つ二つの感覚領域において、刺激を追い求める子もいれば、過敏すぎる子もいます。こういった子は、まわりからの刺激によって、常に気が散ってしまいます。自分のからだの動きに過敏な子は、自分のからだを揺らすことが過剰な刺激になってしまうことがあります。あるいは逆に、ジャンプしつづけたり、クルクル回ったり、からだを揺さぶったり踊ったりしたがることもあります。子ども一人ひとりの個性に働きかけ、感覚に対して適切な反応の仕方を見つけるように手助けすること、その結果、落ち着いて集中できるようにすることが、ここでの目標です。

4. ふり返って考える

思考に関する発達を伸ばすのが、四番目の目標です。具体的にからだを動かして考えるところから、ふり返って内省できるレベルまでを目指します。ふり返れると、「うーん、このお仕事は、ぼくには難しいな。メモを使うとよかったんだよね」と考えることができます。ふり返って考えることによって、自分自身の長所と短所を知ることができ、それに応じて前向きに計画することができます。ふり返って考える能力によって、家庭と学校の活動全般で、集中ができるようになります。

5. 自己肯定感を確かなものにする

自分の注意力や活動水準がコントロールできなくて、無力感を感じている人は、その不安が、さらなる落ち着きの無さと物忘れをまねいている場合が、往々にしてあります。学習課題や宿題への不安があると、簡単に現実逃避してしまいます。ある子がこう言ってくれました。「とにかく忘れて、考えないようにするんだ。外に生えている木のことを、とにかく考えるの。今していることを考えるの。明日のことは考えない。テストのことは考えない」。指示されたことの理解ができず、注意することもできないと、子どもは罪悪感と無力感におそわれます。子どもが自己効力感と自己決定感を持てるようにしなくてはなりません。

6．家族内のダイナミクスを変える

家族内のダイナミクスは、子どもの感情面だけでなく、子どもが種々の能力を身につけていく際にも、大きな役割を担います。ふり返って考える力に関して、一つ例を挙げてみましょう。３～４歳の子が、「お母さん、おそといきたい」と言ったとき、お母さんが、「はい」か「いいえ」でしか返事をしないとしたら、考える力は育たないでしょう。でもお父さんやお母さんが「どうしてお外いきたいの？」と聞き返すなら、子どもは筋の通った答えを返さなくてはならなくなります。「お外であそびたいから」『あらぁ、おうちの中よりお外がいいのはどうして？』「お外にすべり台あるもん」という会話もあるでしょう。これを普段からしている家族があれば、そうでない家族もあります。この点で、家族のあり方は重要です。

子どもの動作を、うまくつないでいくことも、家族内のダイナミクスの機能のうちです。お母さんやお父さんの手をとって冷蔵庫までひっぱったり、電車のオモチャをつくるのを両親が手伝ったりすることで、長い時間集中して、一つひとつの動きをつなぐ能力が育ちます。まだ小さい時期であったとしても、動作をつなぎ、意識を集中する練習の機会がたくさんあれば、落ち着かない子でも、注意力がうまく身についていきます。子どもがどのように注意を身につけていくかは、ご両親の協力や、子どもとのやりとりの様子など、家族内のダイナミクスが重要な役割を担っているのです。

7. 健康的な環境におくこと。

物質的な環境も、たいへん重要です。たとえば過敏な子は、雑音がひどく騒がしい環境では、とても落ち着いていられず、混乱してしまうでしょう。また、鉛をはじめとした中毒性のある物質だけでなく、内分泌系を混乱させ、子どもの神経機能に害を及ぼす物質も発見されています。これが体内に入ったり、環境内に含まれていたりする可能性もあります。たとえば、塗料の刺激臭のようなものを摂取したり吸い込んだりすることで、子どもは刺激されて、さらに落ち着かなくなってしまいます。

親の役割

これら七つのアプローチのそれぞれを、親はどのように実践すればよいのか、後の章で例を挙げていきます。この章ではまず、親子の交流のあり方が子どもの注意のあり方に大きく作用すること、これをどうやってポジティブに変化させるかを、少し述べていきたいと思います。

まず、きわめて短くしかコミュニケーションできない子どもがいます。シグナルを相手と出しあいながら、コミュニケーションを次々と連ねていくのではなく、火花が散るようにぱっと短くしかコミュニケーションが続きません。加えて、互いに関連性の無い、短いコミュニケーションしか返さない親もいます。子どもと同様、短く部分的にしかやりとりしません。やりとりを長くつらねていこうと努力するのではなく、あっちからこっちへと、やりとりが飛ぶわけです。子どもはカンシャクを起こし、ひとりぼっちで遊んでしまう場合もあります。

子どもがガチガチになってしまうほど、子どもをコントロールしようとしすぎる親もいます。子どもはたしかに集中しているように見えますが、実のところ、人と注意を分かちあっているとは言えません。自発的な対話がなく、本当の意味で交流しているとは言えないのです。注意を強いれば、子どもは怒って反抗することになり、いっしょに共有して何かをすることはできません。このパターンには、子どもが元々持つ発達の個人差と、親自身の個性（親自身の注意のあり方も含みます）とが影響しています。

身近なおとなと持続的に交流する機会が持てないと、子どもは引きこもり、自分の興味の世界に没頭してしまうので、一見すると不注意な様子となります。しかし、こういうタイプの子どもたちは、静かな少人数の環境において、親や先生が落ち着いて関われば、すぐ様子が変わり、人とのやりとりに気持ちを向け、集中できるようになります。前述したように、注意力がないように見えるのには、不安と回避のパターンが絡んでいる場合もあるのです。混沌とした家族、厳しい家族、非難の多い家族は、確実にその一因となりえます。子どもは萎縮し、抑うつ的になってしまいます。

われわれおとなが、子どもに落ち着くことや人との交流について学ばせようとする際覚えておきたいのは、感覚の処理能力、からだの動きを組み立ててつなぐ能力、思考する力、周囲の物質的な環境などの諸問題が、子どもの不注意に関連しているということです。これらの問題はそれぞれ、後の章で扱っていきます。

注意に関連する能力を育てる際に、幾つかの基本原則が役に立ちます。子どもといっしょに遊ぶときは、何より、**子どものリズムにあわせること**が肝要です。元気な子には元気に、ゆっくりぼんやりしているような子には、こちらもゆっくりした動きのリズムであわせていくのです。

その子が元来持っている興味や関心に着目して、その興味や関心をふくらませていくこともたいへん重要です。活発に動くのが楽しいのでしょうか、それとも静かに座っているのがいいのでしょうか？　オモチャはどれがいいのでしょう？　人とよりもオモチャで遊ぶのが好きな子なら、そのオモチャを使って関わることができるでしょう。たとえば、オモチャを手の平や頭の上に置いて隠し、解かなくてはならないなぞなぞを出すのです。こうして、子どもをやりとりの中に誘っていきます。こうなると、人とオモチャとが一体となった状態です。子どもの気持ちが乗り、リズムを共有できれば、そのやりとりを広げていくのがコツです。もうひとひねりしてみましょう。

ドアを開けたり閉めたり、ミニカーをガレージに入れたり出したりといった**常同行為をたださせておかないこと**も大切です。注意集中が持続できるよう、常同行為からクリエイティブで新しい活動へと変化させてみるのです。

感覚処理に課題を抱える子には、もう一つ、**ちょうど良い感覚水準を見つける**のがコツです。感覚的に過敏な子には、穏やかに関わらなくてはなりません。反応が乏しい子には、元気よく、子どもの目を引くように関わらなくてはなりません。子ども一人ひとりの感覚にあわせてこれを行います。たとえば、音に過敏な子には、穏やかな口調を使います。音への反応が乏しい子には、調子の高い元気な声を使います。高い音調なら反応しやすいのか、はたまた低い音調がよいのかを探りましょう。視覚的にゴチャゴチャしているとすぐ落ち着かなくなる子には、視覚的な負担を少なくしておきます。複雑な方が好きな子には、カラフルでいろんな視覚パターンがよいでしょう。力強い動きが好きな子は、元気に大はしゃぎするのが楽しいでしょう。はじめのうちは静かにしている子どもでも、少しずつアプローチしていくことで、より活動的にしていくこともできるでしょう。聴覚情報処理に困難さのある子には、最初はシンプルな声や言葉をとっかかりにして、そこから複雑な声や言葉にしていきます。いくらか月齢の高い子どもには、少しずつ指示を難しくして、それに応じないと勝てないゲームをしてみてもよいでしょう。

こういった活動の中で、子どもは、注意することを学び、やりとりを学習し、感覚を適切に扱えるようになります。これらはいずれも、同時並行で身に付いていきます。子どものリズムにあわせ、その子の楽しみを見つけます。その楽しみを分かちあい、コミュニケーションの輪を広げていきます。子どもも、感覚処理能力と運動能力とを、自分から総動員するようになります。このようにして注意集中が身につくのと同時に、注意の問題の背景にある、さまざまな処理能力が育まれることになります。

包括アプローチの一環として、特定の治療や療育が必要な子も多いです。たとえば、作業療法や言語療法です。これらは、注意の持続や問題解決法を学習している、幼児期に開始されるのが理想です。作業療法や言語療法は、子どもが、場面に応じて注意を使い分け、問題を解決できるようになるのにも役立ちます。もちろん大きくなった子にも有効です。

多動性をコントロールする

注意に問題のある子は、たいてい、行動レベルのコントロールにも、問題を抱えています。それゆえ大多数の子は、ADDよりもADHDと見なされることが多いのです。絶えず元気で、ほかの人の領域に割り込んでいく一方、自分の世界に逃げ込んでしまい、受け身一方にもなります。赤ちゃんの頃すでに、こういったパターンが明確になっていることもしばしばあります。しかし遊ぶことによって、おとなは子どもの活動性を調節することができます。まずはシンプルに子どものしていることに加わり、そこから少しずつ、トーンダウンさせていきます。少し月齢の高い子には、“さじ加減ゲーム”がよいでしょう。マネッコをしあって、一方がもう一方に、「もっと早く」「ゆっくり」「もっともっとゆっくり」といった具合に、すばやく指示を出すのです。または、太鼓を使って「強く叩いて」「もっとやさしく」と指示を出してもよいでしょう。周りの声を掻き消すくらいの大声の子どもには、叫び声はもちろん、ソフトな声や、ささやき声をマネッコさせて、自分の声を調節しやすいようにします。

子どもの相手をしている親は、親自身が思っているよりずっと、子どもの活動水準に影響を与えている場合があるのです。親から子どもへの反応パターンによって、子どもの行動の頻度や激しさは増します。そして、その行動に伴う感情的な反応にも影響します。親の反応や強化のパターンが一定せず、気まぐれであったら、子どもは、周囲にあわせることや、自分の行動をコントロールすることが、しにくくなるでしょう。また、わかりやすすぎる反応をかえすのも、あまりよくありません。周囲の環境の変化や、人の要求を察知する力が育ちません。

こういう例を考えてみてください。子どもの仕草や訴えにたいへん敏感だけれども、気まぐれに反応するお母さんがいるとします（子どもの行動への反応やかまい方が、ランダムなのです）。何かすればするほど、お母さんから多くの反応が得られ、かまってもらえるため、この応答パターンでは、子どもの活動性が高まりやすいのです。逆に、しばらくほったらかしにしていたから、そろそろかまってあげようか、という反応だと（自分の世界に浸っている親は、時々しか、子どもに波長を合わせません）、子どもの活動性は、どんどん低くなってしまいます。５分に１回かまい、その後は８分経ってからかまう、という応答パターンだと、子どもが自分からコミュニケーションをとり、遊ぼうとする意欲は、しぼんでしまうでしょう。子どもはさらに元気がなくなり、自分の世界に引きこもってしまいます。こういった反応パターンは、子どもの行動に潜在的な影響を与えています〔Ferster and Skinner 1957〕。たいへん微妙な影響なので、生まれつき持っている生物学的な個性にすぎないように見えます。しかし、生来の生物学的要因と、それ以後に重ねた学習体験の要因とが、共同して働いているとも考えられるでしょう〔Greenspan 1975〕。

これまで見てきたように、注意に関する問題は、発達的観点からたくさんの見方ができます。この見方から、その子独自の“育ちのあり方”を、親子特有の交流パターンと関連させて考えることができます。包括的なアプローチでは、行動の背景にある問題（感覚処理やからだの動かし方など）に働きかけ、注意を向けて周囲と関わるのに必要な土台を築いていくのです。

第 3 章

ステファニーの事例

ステファニーは、8歳のときに筆者のところにやってきました。このステファニーの事例を通して、われわれがどのようにしてADHDにアプローチし、注意の問題に取り組んでいるのか、説明していきたいと思います。ステファニーという名前は仮名で、個人情報に配慮して変更が加えてあります。

ステファニーは、国語と算数が苦手で、学校の先生からADHDと見なされて、筆者のところにやってきました。彼女は学校で、いつもはしゃいでいて、おしゃべりが絶えず、教室中を走り回っていました。家庭でもたえず動き回っていて、妹たちとケンカになることもしばしばで、手が出てしまうことすらありました。こういった行動は、同年代の女の子と比べても、度が過ぎていました。彼女の担任の先生は、ステファニーの両親に、「彼女はADHDです、注意集中させるために薬を飲んでください」と迫っていました。ステファニーは二年生で、もうすぐ三年生になろうとしていましたが、両親は担任の先生から、「ステファニーは“ADHD”ですから、このまま学業を続けていくのは難しいでしょう」と言われてしまいました。

私は自分の外来でステファニーとはじめて会いました。ステファニーは元気な女の子で、一緒に来られたご両親も、子育てに意欲があり、まじめで、思慮深いお二人でした（お父さんは弁護士をされていました。お母さんは以前、公的機関に勤めておられましたが辞められて、主婦をしておられました。ステファニーの他に二人の妹がいます）。たしかにステファニーは活動的でした。診察室の隅から隅に行っては、飛んだり跳ねたりして、起き上がったかと思えば寝転んで、からだをもぞもぞさせ、いつも手足を動かしています。活動のレベルが高いというだけでなく、考えも急速に飛びやすいのでした。ステファニーが一人でいるときや両親といるときの様子を観察しましたが、彼女の話題はどんどん飛んでしまいます。学校でだれが意地悪なのかを話したかと思えば、今いる診察室のドアの後ろには何があるか聞き、また友達の話に戻ったかと思えば、急に数学がいかに嫌か話しだす、といった具合です。ステファニー一人で話してもらっていても、一つの話題をふくらませて話すことは、なかなかできませんでした。たとえば、どうしてそのお友達は意地悪だと思うのと尋ねると、ステファニーは「あの子はみんなに意地悪」「私のこと嫌いみたい」と言うだけで、診察室内にあるゲームやオモチャをあさる方にすぐ興味が飛んでしまうのです。ご両親がステファニーと話しているときの様子も観察しましたが、ご両親は話題を元に戻して、話を整理しようとされるのですが、たいていうまくいかないのでした。

ステファニーとご両親が、家庭でどういう話をしているかを聞かせてもらい、親子関係の雰囲気がわかりました。お母さんによると、ステファニーは時々お料理を手伝ってくれて、そのお手伝いが好きだとのことでした。お母さんが「今日はどんなお料理のお手伝いがしたい？」と聞くと、ステファニーは愛らしい笑顔で「わたしの好きなレモンパイをつくりたいの」と答えるのでした。

発達歴からは、ステファニーは小さい頃からずっと、特定の発達領域に課題を抱えていたことがわかりました。よちよち歩きの頃からステファニーは、あちこち飛び回り、何でもかんでも触りたがる子だったのです。ご両親はこれを、知的に何か問題のある兆候かもしれない、考えておられました。ステファニーはとても可愛らしい女の子でしたが、確かに、一瞬たりとも、興味を持続することができないのでした。ただ、いつも動き回っていながらも、両親に対して暖かな親愛の情を持っていましたし、彼女にとっての“うるさい妹たち”にも、活き活きと、ユーモアを交えて接していたのでした。

二年生の算数では、ステファニーは理解力がないのではなく、問題を解く方法を、十分時間をかけてゆっくり理解しようとしないところに問題がありました。ステファニーは大変せっかちで、何でもすぐ済ませたがるのです。問題もすぐ解いてしまおうと急ぐので、たびたびミスがありました。

ステファニーは家族から「つむじ風」と呼ばれていました。音楽とスポーツが好きで、サッカーをするのが特に大好きでした。彼女は、周囲にうまくあわせてプレイできるのですが、熱くなりすぎて止まらなくなり、しばしばルール違反を犯してしまうのでした。ステファニーは、指示に従うことがなかなかできません。たとえば、宝探しゲームで三つ四つのヒントを聞き取る、学校生活で先生の指示に従う、地図を読んで目的地に近づくなどがうまくできないのです。つまり、言葉で指示を受けても、視覚的手がかりを示されても、指示に従えないのです。彼女の問題は多岐にわたりました。

彼女には、感覚過敏もありました。雑音に敏感で、特に高い音が苦手でした。流行の音楽のように、リズムの速い音楽を耳にすると、彼女はあちこち動き回って落ち着かず、耳をふさいでしまうことすらありました。ある種類の触感も苦手で避けていました。肌触りがすべすべしているものや、食感が“ぬるぬる”した食べ物が苦手でした。

さらにアセスメントしていくと、スポーツは得意だけれども、指先を使った細かい運動（微細運動）は苦手、ということもわかりました。彼女の書く文字は乱雑で読みにくく、ピアノのレッスンを受けているときも、指使いに四苦八苦していました。どちらかというと、太鼓を叩く方がお気に入りでした。なにしろ思いっきり叩けるし、あちこち動き回れるからです。

自分が見聞きしたことについて、微妙なあやに注目するのでなく白か黒かで考えてしまう、ということも、話し合いを重ねるなかでわかりました。友達の好き嫌いも、ステファニーは両極端に考える傾向がありました。あの子は私をちょっと嫌いみたい、とか、それほど好きでもないみたい、ではなく、あの子は私が大好き、あの子は私が大嫌いと、両極端なのです。数学の問題を解くときにも、この考え方がごくわずかですが、顔を出していました。「こっちよりこっちが大きい」という理解ができないのです。ステファニーは、感情面にしろ、数学にしろ、姉妹へのイライラ感にしろ、段階的にとらえる感覚を、自分のうちに持っていなかったのです。

子どものプロフィールをあらゆる側面から観察するには、両親にも同席してもらい、何回かセッションを重ねる必要があります。診断用のアプローチの多くは、一定の手順に従って、親や学校の先生から情報を集め、子どもを観察するものですが、われわれのアプローチでは、専門家チームによって、多層的に評価を行います。

ステファニーについても、ADHDとただ診断するのではなく、周囲の世界の理解の仕方と、聴覚・視覚・触覚の反応の仕方において、アンバランスな成長を遂げてきた子、として考えました。彼女は、動きや考え方の組み立てにも、問題を抱えていました。

われわれが理解すべきは、子ども一人ひとりの個性、発達上の得手不得手、特に、発達の中核となる能力です。そして、その子がより高いレベルで考えることのできるようにすることこそ、大切なのです。われわれのこうした取り組みは、後にさらに扱っていきます。発達上の弱い領域を伸ばしていくのに、どういった方法や遊びを使うのかも、見ていきましょう。

こうした取り組みにより、子どもが、感覚刺激を追い求めたり、絶えず動き回ったり、特定の視覚・聴覚刺激に敏感だったりすることが減っていきます。動きを組み立てて、効率よく滑らかにつなぐこともできるようになり、基本的な運動能力も改善していきます。たとえば、ノートを取ったり字を書いたりするような指先をつかう微細運動の領域です。周囲の動きにあわせられるだけでなく、バレエやダンスのような、複雑な動きもこなせるようになるでしょう。

ステファニーについて考えなくてはならないのは、彼女はいわゆるADHDの特徴を持っているのかどうかです。われわれは、さまざまなチェックリストにあるADHDの特徴を持つ子、診断マニュアル等にあるADHDの基準を満たす子を、研究してきました。研究から見いだしたのは、不注意や多動性は確かにしばしば共通しているけれど、感覚の取り入れやからだの動かし方など諸々の点で、子どもはそれぞれ微妙に異なっている、ということでした。感覚プロフィールや、思考、自己認識の水準は、子ども一人ひとり違います。つまり、同じような症状の裏に、数え切れないほど多くのバリエーションがあるのです。ここで問いが生じます。背景にある原因を見つけ出し、その中核にある能力を伸ばしたいですか？　それとも、表面的な症状にのみ意識を注ぎたいですか？

人間という存在を考えるとき、一つひとつの能力を独立して考えることはできません。能力のそれぞれは、互いに関連しあっているからです。同様に、注意のみを取り上げて考えることは不可能です。注意には、運動発達、感覚への反応、思考、感情などが関係しているのです。われわれはよく木にたとえて考えます。根っこは、健やかな発達の源ですが、情報の取り入れの問題、運動の組み立ての問題、感覚的な反応の問題など、ADHDに関連した症状の源でもあります。幹にあたるのは思考能力です。どのくらい力強く、天に向かって高く育つかが大切です。そして、文字の読み書き、数学や理科などの能力だけでなく、その他学業以外の能力が、枝葉にあたります。ADHDに対しては、この木のモデルで考えることが有益です。伸ばしたいのは、幹や根っこであり、枝葉だけに着目しすぎてはいけません。

ご両親は、毎日行うことができ、子どもの中核的能力を伸ばす遊びを続けました（これらの遊びは、全て第４章から第７章で説明します）。２年が過ぎるころには、ステファニーの能力は開花していきました。年齢が上がるにつれ、ADHDの人に必要なスキルを発達させていきました。まず、自分自身への気づきが深まりました。「急がなくてもいいわね」「うまく注意できるようになったわ」と、自分自身のありようを客観的に捉えられるようになったのです。自分の感情をふり返ることも学びました。「ハリットより、ベティの方が好き。だって、ベティの方が私とか家族のみんなに似てるもん」といった具合です。学校生活においても「これはとってもよい文章だ」「今日はあまりお話を聞けないな、だって……」とふり返って考える能力は、必要不可欠です。全体像を描けるようになれば、自分のこころのうちに理解の枠組みを持つ事ができますから、新しい問題に対して見通しを持てることにつながります。ふり返って考える能力によって、もし教室で先生の言うことがすべて聞き取れなくても、断片から全体を推察することが可能になります。ただ注意する能力よりも、この能力の方が重要です。

どれくらいの子どもが、ステファニーのように前進できるのでしょうか？　私の臨床経験では、ご両親と学校と子ども本人が協力しあえれば、大多数のケースで、注意力や集中力に成長が見られました。たとえそれが両親と子どもだけであっても、前進できます。

子ども一人ひとりのユニークな個性の捉え方と、子ども一人ひとりにあわせた包括的なプログラムの作り方について、これから細かく説明していきます。目の前の子どもや、置かれている状況のそれぞれにあわせた治療プログラムを、どうやって実践すればよいかもわかると思います。

第４章

からだの動きを組み立てる

第 1 章や第 2 章で扱ってきたように、注意に問題のある子の背景には、さまざまな理由があります。感覚に過敏である、逆に反応が乏しい、感覚刺激を求めすぎてしまう、受け取った感覚をうまく処理できない、自分の動きをうまく組み立てることができない、などです。こういった種々の問題は、二つ以上複合して現れることがほとんどです。注意欠陥や多動性という共通の症状の裏に多様な問題が重なっているという考えのもと、今日も研究が進められています。本章ではこれらの問題の一つ、運動システムについて述べていきます。

からだの動きを組み立てること、からだの動きをつなぐこと、運動機能——ADHD の子はこれらの領域に弱さがあることが多いのです。たいていの活動でこの三つの領域のいずれもが、一定の水準に達していることが要求されます。そして、この三つに同時に働きかけていくことが可能です。三つの領域を育てることのできる活動を、楽しみながら行います。その活動の量は、子どもの習熟度に応じて調節します。

運 動 機 能

まず、基本的な運動機能に問題のある子がいます。基本的な運動機能とは、前後左右に動くこと、利き手の動作、右と左の協応動作を指します。こういった能力を伸ばすには、“進化しようゲーム”系の運動をおすすめしたいと思います。まずは、イモムシやニョロニョロヘビみたいに、床に寝ころんでもぞもぞと這っていきます。それから少し進化して四つん這いになり、四つん這いの姿勢を変えて、さらにはバランスをとりながらの二足歩行へと、進化していくのです。ある程度進化したら、目と耳を使いながら自分のからだを動かす、協応の能力に働きかけます。つまり、目で見たこと、耳で聞いたことに応じて、前後左右にすばやく動く能力です。これもある程度できるようになったら、目と手の協応、目と足の協応に進みます。音楽やリズム、タイミングの要素を、ゲームに取り入れるのです。また、空想遊びやゴッコ遊びの要素を取り入れます。空飛ぶ鳥や、ＴＶのヒーローになりきると楽しめるでしょう。少し大きな子にも、進化しようゲームはもちろん使えますが、その子が、スポーツやダンスの方が楽しめるようなら、それを運動の仕方を学べるよい機会として活かしていけばよいでしょう。

運動機能は、注意力の土台となります。どんな活動に集中するにしても、自分のからだをコントロールしなくてはなりません。もちろん筋肉の緊張が低くても、集中力のある子もいますし、運動機能がすばらしく優れていても、集中力に難のある子もいます。ただ一般的に、運動機能への働きかけは、注意力の改善に役立つと言ってよいでしょう。全体的な発達においても、運動機能は重要な部分を担っていますし、運動機能の発達によって、よりよい注意力や集中力が育まれます。

運動機能を伸ばすゲーム

進化しようゲーム

“進化しようゲーム”は、どんどん難しくなる運動にチャレンジしながら、“進化”の階段をあがっていくのが目的です。どんな運動にも、音楽やマネッコの要素を取り入れてかまいません。もっと面白くするために、子どもとおとなで競争してもよいですし、追いかけっこ仕立てにすることもできるでしょう。

もぞもぞ床を這う

まずは、イモムシやトカゲみたいに床を這うことから始めましょう。子どもといっしょに床を這うところから、開始しましょう。1歳過ぎから2歳くらいの子ならあなたの動きのマネッコができるでしょうし、7～8歳ぐらいにもなれば音楽にあわせて楽しめるでしょう。床をもぞもぞと這う動きは、手足やからだを協応させ、からだ全体が参加する動きです。

四つん這い

ずるずると這う動きから、四つん這いで這う動きに進みます。子どもと競争したり、音楽にあわせて動いたり。子どもといっしょに楽しみます。

手押し車

子どもの足をもって、手で歩いてもらいます。これも、競争しても楽しいでしょう。

二足歩行

そこから、腕をふる動きをうまくあわせて、垂直二足歩行へと進化します。

走る、跳ねる、ジャンプ、ステップ

次は、走ったり、跳ねたり、ステップしたりする方に進みます。子どもがやりやすいところからでかまいません。それができれば、ジャンプに進みます。両足ジャンプからはじめて、片足ジャンプ、そしてステップ、という順番がやりやすい子もいます。繰り返しになりますが、おとなも子どもも、いっしょに楽しむことが大事です。

上に挙げた動きについて、こんなの簡単、という子なら、“進化”の階段はすばやく駆けあがれるでしょう。その一方で、もぞもぞ這ったり、四つん這いができない場合もあります。その場合、やり残している苦手な動きに集中して取り組んでもよいでしょう。

すばしっこい動き

進化が進んで、走る、跳ねる、ジャンプ、ステップの段階を通り越し、子どもの興味が乗っているなら、もっとすばやく動くように誘います。右や左へのサイドステップ、いろんなダンスのステップ、足を交差させるクロスステップ、からだ全体でステップ。変化を加えて、もっと楽しみましょう。

リズムにあわせて

次は、少しリズミカルな動きを加えます。スローテンポ、規則的なリズムから、少し速いリズムと、音楽にあわせてリズミカルにからだを動かします。どれくらいならよいのか、その子の中で、ベストの水準にあわせたリズムに設定します。走る、跳ねる、ステップができていたら、音楽のリズムにあわせながら、走ったり跳ねたりすることができるでしょう。歩くのが精一杯という場合は、音楽にあわせて歩いたり、簡単なダンスを踊ったりするのもよいでしょう。音楽にあわせてリズミカルに、何よりおとなと子どもがいっしょになって、歩いたり走ったり行進したりすることがポイントです。

さじ加減ゲーム

“進化しようゲーム”の後にくるのが、“さじ加減ゲーム”と呼ばれるゲームです。ここではまず、動きを速め、そこから遅くします。さらに、止まってしまいそうなくらいに遅くして、またうんと速い動きへと戻します。ここでも、その子がいちばんよくできている協調運動の水準にあわせて、動きを設定します。

さじ加減ゲームは、マネッコゲームにもなります。子どもといっしょに歩いて移動するところから始めましょう。次に手をとって、太鼓を叩いたり（テーブルを使っても良いですし、ボンゴみたいな太鼓も使えます）、声を出しあったり（声をあげたり、大声で歌ったりします。小さな声から、ささやき声、そこからまた大声に戻るなど、ボリュームを調整します）。こういった活動を通して、子どもはいろんな場で、自分の活動を調節することを学びます。手足やからだ全体、声などすべてを、協応させて用いることを学ぶのです。

繰り返しになりますが、その子がもっとも苦手としている動きに、時間を割くようにします。リズムが取れず、運動の微妙な力加減も苦手な子だったら、それに応じた活動に焦点をあわせて、ほかの活動はそのための準備運動ぐらいにしておくこともできます。これまでに挙げた、制限のあるエクササイズは楽にこなせるし、子ども自身も退屈しているようだったら、進化しようゲームの初期は卒業して、中期から、さらに高等なレベルへと進んでよいでしょう。

さあ勝負

このゲームをおもしろくするポイントは、７割から８割、子どもが成功できるようにすることです。７割８割おとなが子どもに負かされることで、さあ次の勝負だと促すようにするのです。難しすぎる設定だと、子どもはイライラして、嫌がってしまうでしょう。７割から８割子どもが勝てるようになるまでは、難しい設定へと引き上げないようにしましょう。

からだ実感ゲーム

歩く、走る、跳ねる、ステップの動きを十分楽しめるようになったなら、“からだ実感ゲーム”も導入します。このゲームでは、運動機能や感覚機能の、また違った側面を育みます。

出る、入る。越える、くぐる

子どもが障害物の中に入ったり、出たり、乗り越えたり、くぐり抜けたりする動きを、ほかの運動にからめます。両手を使って、通せんぼします。または、トンネルみたいな障害物を作ったりして、子どもがくぐり抜けたり、乗り越えたりしなければならないようにします。

低く、高く、左へ、右へ

それから、両手で子どもを追いかけます。両手以外の邪魔者を使ってもよいでしょう（風船を使ったり大勢の人で追いかけたりします）。このゲームでは、子どもは、おとなの手や風船に触れないように、伏せたり飛び越えたり、右に逃げたり左に逃げたりしなくてはなりません。こうして、自分のからだの始まりがどこで、どこが終わりなのかの意識が育ちます。

からだの右側、左側

次は、からだのあちこちの動きと、視覚と聴覚とを、まとめあげます。たとえば、目と手、目と足、音と足、音と手とをあわせるのです。最初は両手でボールを投げるような、簡単な動きからはじめて良いでしょう。次に片手で投げるようにします。サイモンセイズゲーム〔訳者註：「サイモンが言いました。鼻をさわって下さい」と命令したら、その動作をする。しかし「サイモンが言いました」ではなく、ただ「鼻をさわって下さい」とだけ言った場合は動作をしてはいけない、というゲーム〕や、マネッコゲームをしながら、子どもは自分の左手や右肩、右手で左肩、右手で左ひざ、左手で右ひざと触っていき、自分のからだへの意識を育てます。からだの右側と左側とが調和するように、バリエーションを広げます。まずは両手、慣れてきたらときどき片手をつかって、からだの反対側の動きとあわせていきます。時にはアドリブも入れて楽しみましょう。右側を触ったら勝ち、左側を触ったら負けと、勝負に誘ってもよいでしょう。勝ったら方がシールをもらえるなど、ちょっとしたご褒美も使えます。繰り返しになりますが、こういった動きが楽にこなせている子なら、次に進んでよいです。ここに時間を割きすぎる必要はありません。

両手両足、からだのあちこち

からだのあちこちと関連させて、両手と両足の使い方が養われます。上半身と下半身、両方を使います。たとえば、両手でおひざを触る、足を腰まであげる、などです。こういった動きは、Brain Gym:Simple Activites for Whole Brain Learning〔Dennison P.E., and G.E.Dennison. 1992 Edu-Kinesthetics〕に詳しく述べられています。

両手両足、両目と両耳

次は、協調運動をさらに高度にしていきます。両手を使ってキャッチボールするところから、左手でのキャッチ、次に右手でのキャッチへと進みます。自分でボールを投げて、自分の両手や、左手や右手でキャッチする遊びにトライさせてみましょう。柔らかいゴムボールなどを蹴る動きでも、この遊びにつなげられます。

ボールをただ前後に投げるのが楽にこなせるようになったら、次はさらに高く投げあいます。両手を使って投げ、次に片手、そして反対の手、また両手に戻り、片手、反対の手と、使う手をいろいろ変えてみましょう。次は、ボールをかごに投げ入れます。かごもあちこち動かし、ボールを投げる子どもが、かごがどう動くか、予想しなくてはならないようにします。次は足を使いましょう。ゴールを定めてボールを蹴りいれます。次はゴールもいじわるして動くようにします。いずれの遊びも、ゲームみたいに遊ぶのがコツです。

動くゴールのゲームが完全にこなせるようになったら、声にあわせて手や足を動かすエクササイズへと進みましょう。狙ってほしい方向を指示するのです。たとえば“左に蹴って、次は右！”という風にです。二つのゴールを使って、右のゴールの次は左のゴールと、指示を出すこともできます。右のかごに投げ入れてから、左のかごに投げて、というのでもよいでしょう。この遊びでは、視覚と動きだけでなく、視覚、動き、そして聴覚とが、協力しあっています。たくさんの神経システムが同時に関連しあって働くことで、注意の焦点を絞った動きを行う能力が高まります。

バランス感覚と協調運動

次はバランスと協調運動のゲームです。小脳は、脳の後ろ側にあって、神経システムの中枢の一つですが、これが運動のバランスと協調を担っています。バランス感覚と協調運動は注意集中のためにとても大切です。しかし、基本的な動きをマスターしていないのに、高度なバランス感覚が要求されるエクササイズへと進むのは望ましくないでしょう。ただ、くり返しになりますが、例外の子もいます。たとえば、バランス感覚と協調運動は上手でないのに、注意集中はとってもよくできる子も、もちろんいます。注意集中が難しい子にも、注意集中はできるけどバランス感覚や協調運動が弱い子にも、いまから述べていく運動やゲームは役にたちます。

バランス運動入門

まずはいくつか簡単な動きからはじめます。バランスクッション（丸い敷物で、小さな座布団くらいの大きさです。中に空気が入っています）を使って、その上に立つようにします。（おとなでもこれを使うと、バランス感覚や協調運動が養われます。バランスボードを使うのもよいでしょう。また、ボードの上に寝転んで、ボードから転げ落ちないようにがんばるのもよいでしょう）。ちょうどつま先で乗れるくらいの平均台を使って、その上に立ち、落っこちないようにする運動も使えます。

二つのバランスクッションの上に立っているとき、バランスが取れているか、長い時間立っていられるかを見きわめます。簡単にできているようなら、子どもに目をつぶってもらいましょう。そうして、毎日少しずつ、立つ時間を増やしていきます。そこから今度は、バランスクッションを一つにして、同じように、目を開けたりつぶったりしてもらいます。バランスをとっている子どもと、ふんわりしたボールでキャッチボールをしましょう。バランスを取りながら、いっしょにお話したり歌を歌ったりして、それに慣れたら、今度は子どもに目をつぶってもらいます。手を叩くなどして音を出し、子どもと音をあわせるマネッコゲームにしていきます。音楽を使ってもよいでしょう。

片足でやってみよう

いままでの活動を、バランスクッションの上に片足で立ってバランスを取りながらやるところに進みましょう。得意な方の足からはじめて、次は反対側の足で立ちます。最初は目を開けていて、次に目を閉じ、ボールを投げたり受けたり、歌を歌ったり、いっしょに音を出したり、ちょっとマネッコしたりを、今度は片足でやるのです。

さらに進みましょう。片足で立っているときに、キャッチボールをします。ちょっと高く投げて、なかなか取れないようにしましょう。バランスを取りながら、かごにボールを投げ入れるのもよいでしょう。

バランスボードの上で

バランスクッションを使った運動をマスターしたら、バランスボード（ボールの上に乗っている板です）の上で同じことにチャレンジします。最初は目を開けてバランスボードに乗り、次に目をつぶって乗ってみます。ボールを投げたり、キャッチしたり。さらに、お話ししながらやってみましょう。活動しながら、子どもがどれくらいできているかにも目を光らせます。これらの活動が上手にできていて、プロ並みだったら、大きな風船を子どもに投げます。子どもは風船に当たらないように前や後ろに避けなくてはなりません。

平均台の上で

これまでと同じゲームを、体操の先生のように、平均台の上を歩きながら行います。平均台の上に立っている子に、大きな風船を投げます。風船を投げられた子どもは、バランスを取りながら、しゃがんで避けたり、キャッチしたり、投げ返したりしなくてはなりません。

これらの運動はバランスと協調運動を改善させますし、とっても楽しく行えます。注意集中だけでなく、ダンスなどの、いまどき風の体育の技能も養われます。教室のなかの授業でよく集中できているなら、ダンスやスポーツなどの運動は上手でなくともよい、というのは間違いです。例外はもちろんありますが、からだの運動と注意集中は、共に関連しあいながら働くものだからです。

神経システムのいろんな部位同士を、共に働かせることが、ここでの真の目標です。神経システムのつながりが、自分自身をコントロールする能力を高めます。これが、注意集中につながるのです。

微細運動

よちよち歩きから、幼児期まで成長するにつれ、指と手をもっと使うようになり、親指と人差し指でさくらんぼをつまみあげるという指先の細かい運動も増えてきます。これも先のステージへとうながしていきたい運動です。小さい子に、「あらぁ、ブーブーどこいったのかしら？」「鳥さんはどこ？」と尋ねます。子どもは指差しか手差しをします。手差しの段階であれば、微細運動に必要なエクササイズをいくつか、その子とやってみるとよいでしょう。

指遊び

まず、指先を使った簡単なマネッコゲームや、リズム遊びから始めましょう。ピアノを弾くみたいに、手と指を、リズムにあわせて動かします。両手で、むすんでひらいてをします。足の指もグーにして、それからクネクネ動かしましょう。指人形で遊ぶのもよいでしょう。

描く、塗る

描いたり、色を塗ったりするのは、微細運動に最適ですし、注意力も刺激します。まずはぐるぐる描きから始めましょう。あなたが適当にぐるぐる描きで形を描き、子どもがそこに何か足して描いていくのです。たとえば、子どもが丸を描いたなら、あなたはそこに目を入れます。子どもはそれを見て、お鼻を加える、といった具合に、お互いに描きあいます。のってきたら次は、色も加えましょう。さらに、特定の形のマネッコにいきます。最初は線、次には円、さらに長方形、三角形、ひし形と、いろんな形のシリーズを描きます。

ここでの目標は、いろんな方向に筆を走らせて形を描けるようにすることです。縦線を描く、横線を描く、さらにその二本をつなぐ。あなたが点々をあちこち描いて、これを線でつないでごらん、と誘うこともできるでしょう。（色でも形でも）子どもが自由に描くのと、おとなのマネをして描くのとを、半々の分量にするとよいでしょう。
　クレヨンやエンピツを持つのが難しくて、握って持っている子もいます。最初は握って持たせて、徐々に指を使うようにさせましょう。3歳、3歳半から4歳を超えて、まだ握ってエンピツを持っている場合、もっと柔軟に指を使えるように、作業療法士によるエンピツの握り方の練習が必要かもしれません。

　このような遊びが難なくこなせる場合は、もっと複雑な形に進みましょう。たとえばひし形や円、正方形や長方形に線を加えて、人間の形にするのです。ちっちゃなロボットにしても面白いです。お絵かきを楽しむバリエーションはつきません。

からだの動きを組み立てる、つなげる

　からだの実感、バランス運動、協調運動など、足がかりとなる最初のスキルが身についたら、さまざまな動きをひとつなぎにつなげ、組み立てる活動へと進みましょう。まず、ワンステップの簡単な動きから始めます。たとえば、太鼓をただ叩くような運動です。次に、ツーステップの動きへと進みます。ミニカーを手にとって、どこかに向けて走らせる、という動きです。次は、スリーステップの動きです。ミニカーを走らせて、オモチャのお家に入れる、といった動きです。そこから、フォーステップ、ファイブステップの動きに進みます。こうなると、ミニカーをお家に入れた後、出発して、学校へ“ドライブ”に行き、それからスーパーに寄る、というように、ストーリーに基づいた遊びになってきます。からだの動き

の組み立てとは、二つから、さらには十にも二十にもなる動きを、ひとつなぎに連続させる、ということも含みます。たとえば、複雑なダンスの動きはそれです。

頭の中で、これからする動きのプロセスの段取りをしたり、考えたりした上で、実行に移すというのは、多くの子どもたちにとってたいへんなことです。意識しないとできない子どももいれば直感でこなせる子どももいるでしょう。15ヵ月になると、赤ちゃんはお母さんの手を取って、自分のしたいことの方へひっぱり、欲しいものを指差し、うなずき、それが手に入ったらお母さんに飛びっきりの笑顔を返すという、一連の動きができるようになります。これには、多くの動きをつなげる必要があります。赤ちゃんが「おかあさん、だいすき。ブラウニーとって」と言えるようになるのはずっと後ですが、ある意味それに先駆けています。子どもが実際にどう考えているか、イメージを持っているか、確実な証拠を得ることは不可能ですが、しかし、認知と動きの組み立てにおいて、子どもにあるパターンを見いだすことは可能です。

サイモンセイズゲームとマネッコゲーム

運動機能を育てるシンプルな動作とリズムを、いろいろ紹介していきます。動きを組み立て、つなげる能力を育てるのにも役立ちます。

リズムにのって

音楽にあわせて、行進したり、ジャンプしたり、ダンスをしたりします。

サイモンセイズゲーム

動きを連続させていくゲームです。進むにつれ、どんどん複雑になっていきます。動きのマネッコがなかなかできない子には、まず、子どものしていることをこちらが何でもマネして、その動きにリズムを加えます。そこから、子どもがあなたの動きをマネできるかどうか見きわめます。“お母さんのマネ”“お父さんのマネ”をして見せましょう。子どもといっしょに楽しんでみましょう。まずは、ミニカーを床にバンバンと打ち付けるような、ワンステップの動きから、ミニカーを子どもの方に走らせるような、ツーステップの動きに進みます。子どもが遊びに乗ってくるか、観察しましょう。それから、イスを引いて、座り、それからイスの上に立つといった、スリーステップの動きにトライします。子どもには、どうやったらいいかのお手本を見せてあげましょう。まずは一度に一つのステップからはじめます。そこからもう一つ別のステップを加えて、スリーステップに持っていく、ということもできるでしょう。

たとえば、前に述べたお絵かきのような微細運動にも応用できます。最初はちょっと線を引いて、それからグルグル描きをして、正方形や長方形、三角形にして、さらにいろんな線を加えます。最初は一つ、それから二つ、三つ、四つと、お絵かきのステップを増やします。あなたの描いたお手本や、子どもが自分で描いた線を、どれくらい覚えてられるでしょうか。何度もくり返しますが、楽しむことが何よりも大切です。子どもの線に、花丸を描いてあげましょう。

宝探しゲーム

宝探しゲームでは、宝ものを見つけるため、三つのタイプの手がかりを子どもに与えます。

目のつけどころ

まず、子どもには、どこに目をつけたらよいかのヒントを教えてあげます。まずは一ヵ所から、次は二ヵ所、三ヵ所と、場所を増やします。その中のどこかに、宝ものが眠っています。こっちかなぁこの中を開けるのかなぁと、声に出しながら動きを見せます。子どもはあなたの動作と言葉を、つぶさに見てとり、後を追わなくてはなりません。

言葉の手がかり

今度は、言葉の手がかりだけで、お宝を探します。「お宝は、この部屋のどこかにありますよ。ヒントを出すよ。かごの中にあるかも……もしかごになかったら、お母さんの靴の中か、お父さんの帽子の中だよ（靴は脱いで置いておき、帽子も、部屋の隅にかけておきます）」。言葉の説明を聞いて、三つの場所を次々と見ることができているでしょうか。そこから、四つ、五つ、六つ、七つと、場所を増やします。手がかりは、一階と二階にまたがって置いてもよいです。家全体や、お庭も使いましょう。

見てわかる手がかり

さらに、見てわかる手がかりを使います。お宝がありそうな場所のあちこちを指差して教えてあげるのです。最初は一ヵ所か二ヵ所くらいにして、子どもがすぐ見てとれるようにします。それから、三つ、四つ、五つ、六つ、七つと、場所を増やします。一階や二階、家の中やお庭なども使えます。さらには、絵を使ってお宝のありかを示すこともできるでしょう。もっと難しくしても大丈夫な月齢の高い子には、お宝のありかを示した地図を作りましょう。そして、1から10までの、お宝にいたるまでのチェックポイントを作ります。印の描かれているところを見ないと、チェックポイントが見つからないように、うまく作ってください。地図をみて、印の描かれている場所をたどっていくと、お宝に行き着けるようにするのです。

言葉の手がかりと見てわかる手がかり

次に、言葉の手がかりと、見てわかる手がかりとの両方を使う段階に進みます。これもステップにわけます。たとえば、ステップワンは見てわかる手がかりを示し、それをたどるとステップツーに行き着きます。ステップツーでは言葉の手がかりが示され、さらにステップスリーに進む、という具合です。

宝探しゲームは、とっても楽しいゲームでありながら、からだを動かす練習にもなります。からだの動きをつなげ、組み立てる力を伸ばします。

障害物ゲーム

次は障害物ゲームです。宝探しゲームとからめてもいいですし、単独で行ってもかまいません。子どもは、隠されているお宝を見つけ出すのに、障害物をうまく避けなくてはなりません。

簡単なコース

まずは障害物を作りましょう。子どもは、障害物を乗り越えたり、くぐり抜けたり、トンネルを通り抜けたり、ぐるっと回り込んだりしなくてはなりません。障害物を避けるには、複雑で多種多様な動きが必要とされます。たとえば子どもは、何か取るのに、かぶせてあるストールをめくったり、お宝への手がかりを見つけるのに、何かの上に乗って、棚に手を伸ばしたりしなくてはなりません。

もっと難しいコース

言葉の手がかりか見る手がかり、時にはその両方に沿って、段取りを立てるという、さらに複雑な動きの組み立てが加わります。Aから、B……C……D……E……Fを通って、Gにたどり着くにはどうしたらいいか、考えなくてはなりません。ゆっくりスタートして、少しずつ複雑なコースに入り込んでいきます。戻って通り抜ける、くぐり抜ける、またぐ、回り込む、開ける閉じるなど、いろんな関門を通ります。

創意工夫を隠し味に

自発的に創意工夫して動けるように、あなた向けの障害物コースを、子どもに頼んで作ってもらいます。コースは二つ作ります。子どもはあなたが通り抜けなくてはならない障害物コースを作り、あなたも、子どものための障害物コースを作るのです。障害物コースを作り上げるのは、障害物コースを解くのと同じくらい、動きの組み立てが必要になります。

これらのゲームを通して、子どもはたくさんの動きを、ひとつなぎに連続させることができるようになります。先を見て計画し、目的に向かって多くの手順を踏むという、土台となる能力を築きます。これはすべて、よい注意力、集中力の一端を担っています。

地図とタイムスケジュール

実際の動きや、考えを、組み立ててつなげることがしっかりできるようになったなら、今度はイメージのレベルに進みます。一日の予定を自分で計画して、何がしたいか、しなければいけないのか、そしていつしたらいいのかを、視覚的なスケジュールとして描くのです。一日の時間の流れが示してあると、やるべきことや目的は忘れないですし、段取りを組み立てるスキルも改善します。

運動システムをのばすゲーム・遊び

運動機能

進化しようゲーム：少しずつ難しくなる動きに、段階的に取り組みます。もぞもぞ這うのから始めて、四つん這い、そして歩く、走る、ホップ、ステップ、ジャンプを経て、すばしっこく動いたり、リズムにあわせて動いたりする段階へと、進化します。

さじ加減ゲーム：自分の活動のレベルをコントロールします。最初は速く、それからゆっくり、もっともっとゆっくり、さらに止まりそうなくらいにゆっくり、そこからまた速い動きへと戻ります。

からだ実感ゲーム：からだのいろんな場所に対しての気づき、からだの右側と左側への気づきを磨きます。

バランス感覚と協調運動ゲーム：この二つは、注意と集中に、とっても大切な要因です。

微細運動：手と指を使った動きは、注意力と集中力を促します。

動きを組み立てる、つなぐ

サイモンセイズゲームとマネッコゲーム：音楽にあわせ

て、行進したり、ダンスしたりなど、動作をマネしたり、リズムにあわせたりしてからだを動かします。シンプルな動きから初めて、徐々に難しくします。

宝探しゲーム：少しずつ難しくなる、言葉の手がかりや、目で見る手がかりをたどって、最後にはお宝へとたどり着きます。

障害物ゲーム：隠されているお宝を見つけるのに、子どもは障害物のあるコースをうまく進んでいかなくてはなりません。障害物を避けるのには、たくさんのステップからなる動きが必要になります。

地図とタイムスケジュール：自分のしたいことや、毎日のお仕事など、いつ、何をしたらよいか、一日や一週間のスケジュールを、見てわかるように子ども自身で書きます。

もっと高いレベルで動きを組み立てる、つなぐ：動きを組み立てて、つないでいく。それをもっと高いレベルで行う形は、たくさんあります。複雑な動きや、指先を使った細かい動きが必要とされるもの、たとえば文章を書いたり、絵を描いたりするといった活動です。作文を書いたり、音楽を演奏したりすることも、視覚や言葉を通して、動きを組み立てる例だと言えます。

もっと高いレベルで

動きや考えを組み立ててつなげることが、基礎的なレベルでできるようになったら、さらには、学校で要求されるような、高度なレベルへと進む必要が出てくるでしょう。プランを組み立てて、それをつなげて実行する力は、たとえば宿題をするとき、作文を作るときに必要です。調査して論文を作成したり、実験したりする際には、さらにもっと複雑になります。

小学校低学年から優れた暗記力があって、なんでもできる子がときどきいます。算数の式や漢字の形も、すぐ覚えてしまいます。本もよく読めます。しかし、もっと先の学習レベルとなると、つまずくようになります。ペーパーテストで弱点が明らかになることもありますが、高い暗記スキルでもってよい得点を取ることも可能です。しかし、高校や大学ともなると、さらに進んだことが要求されるようになります。自分の活動を、組み立てたりつなげたりする基礎的な力を獲得していないため、小学校のときスターだった子は、徐々にその輝きを失うことになります。反対に、暗記力は弱いけれども、この基礎的な力をもっている子は、後々輝いてくる場合もあります。これは、その子の持っている能力が変わったのではありません。要求されることの原則が変わったのです。ですから、自分の思考を組み立ててつなげるやり方は、学び始めのころからしっかりと育てていくことが何よりも大切です。創造的な思考もまた、早い段階からとても大切です。

文章を書く

学校で作文しなくてはならないとき、役に立つ一つの方法は、視覚的に順序立てることです。いくつか小さな箱を描いて、その箱の中に、書きたい言葉をいくつか書きます。そして、小さな箱を、メインテーマの大きな箱へとまとめあげるのです。小さく矢印を引っぱって、補足的な考えの箱から、結論の箱へとつなげます。視覚的手がかりを使って文章を作れるように、手ほどきしてあげてください。

クリエイティブに考える

ゴッコ遊びであれ、ドラマやストーリーの創作であれ、クリエイティブに考えるということは、たくさんの複雑な作業を同時並行でまとめあげるという要素を含みます。偉大なる叙情詩は、安っぽいただのドラマとは、大きく異なるでしょう。子どもの創造性を楽しみ、関心を持って付きあってください。考えをさらにどんどんと広げるのです。「うーん、おもしろいな……。ほかにいい考えはないかなぁ？」子どもの話題が急に変わって、よくわからなくなったら、論点がずれないように、話題を戻します。「あれぇ、わからなくなったぞ。インターネットゲームで作りたい、新しい魔法の生き物の話をしてくれてたのに、いまはテレビゲームの話になっちゃった。どうつながるの？」子どもはこう返すかもしれません。「えっと、あぁっと、魔法の生き物って、あたらしいインターネットのゲームで僕が作ってるやつで、名前は……」。想像力をはばたかせて話しながらも、話の意味が通るようにたずね返し、話題が飛ばないようにしていると、子どもは力を開花させます。さらに、話に筋を通すための、理由も語ってもらうようにしましょう。さらに高いレベルで考えるようになります。最初の方で述べたように、グレーゾーンで考えたり、ふり返って考えたりするレベルへと進むことができます。

視覚的、空間的につなぐ

クリエイティブな遊びのところで説明したように、つなぐ力は、言葉だけでなく、視覚的・空間的な領域のことも指します。たとえば、代数や微分積分など、複雑な様式を用いた理解は、数学的に、組み立ててつなぐことと言えるでしょう。初めて出くわす課題に、論理的にアプローチしなくてはならず、科学的、数学的な原則をどう当てはめたらよいのかを学習するときも同様に、視覚、空間的に組み立てることとつなぐことが用いられます。芸術家、作家にも同じ能力が求められます。自分のこころの内で生まれたイメージを、キャンバスの上や原稿用紙の上に置きかえる能力です。この視空間的思考については、後の章でまた別個に取り上げます。

音楽

音楽もまた、イメージを組み立ててつないだものと言えるでしょう。作曲はその例です。早くからADHDやADDと診断された子で、音楽的才能を持っている子もたくさんいます。著者が会った子など交響曲を作曲していました。高いレベルでの思考には、イメージを組み立ててつなぐ要素が欠かせません。新しいダンスのステップを組み立てるのには、多くの視点で考える必要があります。つまり、音楽の旋律とどのように調和しながら踊るのかの、視覚的なイメージを組み立てなくてはなりません。

第 5 章

感覚刺激を調節する

注意に問題のある子はたびたび、見る、聞く、触る、においをかぐなどの諸感覚の処理に問題を抱えています。目に入ってくる刺激や、聞こえる音に対して、無頓着だったり、逆に過敏だったりすることがあります。様々なジェスチャーや声の調子などを、うまく捉えられないのです。感覚処理に問題があると、自分が感じた気持ちと、ほかの人が抱いている気持ちとが、ごっちゃになってしまいます。また、現実のこととして言われたことと、想像のお話として言われたこととを、うまく区別して考えることができません。

後の章で、自分の見たもの聞いたものを子どもがどのように意味づけしているのか、そして、複雑な視覚的・空間的スキルがどのように発達していくかを詳しく説明していきます。本章では、感覚刺激に対する反応をどのように調節したらよいのか、受け取った刺激を柔軟にコントロールするにはどうしたらよいのか、述べていきます。

注意力に問題のある子で、感覚刺激に対して過敏な子がいます。聴覚・視覚・触覚に過敏で、すぐ落ち着かなくなってしまいます。一方で、感覚への反応が乏しい子もいます。いろんな感覚をそれと認識することが、なかなかできません。こういった子どもたちは自分の世界に入りこんでしまいがちです。自分一人の世界で夢中になっている空想は、キラキラして創造性に満ちた空想であることもあります。しかし、自分以外の人とやりとりすることは、依然としてうまくできていません。空想を楽しみながら自分以外の人と良好な関係を築けている子もいるにはいますが、空想とやりとりとを同時にこなすような柔軟性は不十分なままです。

また、ADHD と診断された子で感覚刺激を追い求める子がいます。視覚、聴覚、触覚刺激をもっともっとと探し求めています。こういう子は、飛んだり跳ねたり動き回ったりして人やものにぶつかっていくため、度を越して活動的です。学校ではイライラしていて、静かに座っていることができません。周囲の親や教師からすると、もっとも困難なパターンとなることもしばしばです。前にも述べたように、このパターンは進化論的な観点から説明されてきました。感覚刺激を追い求める行動パターンは、かつては、環境に対して適応的だったのです。現代社会では、子どもが元来持っている自然な活発さを、無理やり押さえつけていることになります。しかし、会社でも学校でも、スポーツのときでもアートのときでも、柔軟に場の状況にあわせていくことは、現代社会では必要不可欠です。新しいことにどんどんチャレンジしていく人は、自分の活動レベルのリズムをうまくとっています。そのためには、自分のふるまいをコントロールして、統制しなくてはなりません。自分から積極的に動いて取り組むこともきわめて大切ですが、教室で席について、先生や他の人の話を聞きとり、自分以外の人から学ぶことが必要な機会も少なくありません。元気よくからだを動かす活動も、静かに自分をふり返る活動も、自分の活動度をその都度調節しながら、場面に応じて柔軟に行う必要があります。“感覚処理と運動能力についての質問紙”を、本の最後に載せました。子どもの感覚処理プロフィールを理解する一助となるでしょう。

自己への気づき

感覚に対する反応を調整するための、基本的な能力が二つあります。一つが自己への気づき、もう一つは柔軟性です。論理的で複雑に考えられるようになると、子どもは自分の内側の世界を説明できるようになってきます。「ゆっくり動くの、あたし苦手みたい」「しずかな声だと大丈夫だけど、大きな声だと、怖くなっちゃうんだ、ぼく」。こういう風に考えることができれば、自分自身をコントロールして、周囲の環境をよい方に改善させることが可能になるので、静かに集中していられます。「そわそわするなぁ。お外で走ってこようかな」と言葉にできるし、担任の先生に「お話聞きながら、ちょっと歩いていてもいいですか?」と尋ねることもできるでしょう。担任の先生が理解があって柔軟な人なら、授業をしている間、教室のうしろの方で歩かせてくれることもあるでしょう。

より高度のレベルで思考できると、騒がしい場やうるさい講義室では勉強できない、ロックのコンサートは避けたい、にぎやかなパーティでは歓談の時間にバルコニーに出ている方がよいなど、自分で気づくことができます。自己への気づきがあると、どうすれば自分は落ち着けるか、親や作業療法士に自分から伝えることができます。音楽のようなリズミカルな動きや、誰かの腕や手でぎゅっと抱いてもらうことが、パニックをやわらげることがあります。トランポリンで飛び跳ねたり、からだを揺らしたりといった刺激によって落ち着ける場合もあります。これは内耳の奥にある三半規管に対する刺激です。自分を落ち着ける方法を自分で見いだし、注意集中を維持するために自分から行動に移せる場合もあります。「しーって言って、おかあさん」「(音を) ちいさく」などの、簡単なリクエストから、もっと詳しく上手に表現できるようになると、ある意味で子どもは、周囲を落ち着けて楽に集中できる環境へと、自分で変えることができるようになります。

柔 軟 性

注意の問題を抱える子は、我慢できる感覚レベルをもっと柔軟にする必要があります。たとえば感覚過敏の子は、自分で扱える感覚刺激の範囲をもっと広くするのが望まれます。たとえば、リズムのある動きに、音や声、触れあい、キラキラする光や色の要素を、ほんの少しずつ加えていって、感覚刺激の範囲を広げます。触覚の場合はからだのいろいろな部位に、いろいろなちょっとした刺激を加えていきます。その子にとってやさしく感じられる活動をまずは見つけて、そこから徐々に範囲を広げていくのです。言葉が育ち、より高度のレベルで考えることができるようになると、これくらいなら大丈夫と、子どもからも協力してくれます。

感覚刺激を欲しがっているタイプの子は、感覚入力を少しずつ弱くしていくことに慣れさせ、より微妙な刺激を感じ取れるようになる必要があります。たとえば、淡い色、ささやき声、小さな話し声などです。

自己への気づきと柔軟性を育てるゲーム

感覚が過敏な子には

活動的な子には、元気に動き、リズムをあわせるところから始めましょう。走ったり、ジャンプしたりスピードアップしたりして、大きな声も出しましょう。面白くなさそうにブツブツ言っていたり、モジモジしてても、かまわず続けます。それから、ダンスのように、動きをあわせるゲームに誘いましょう。速い動きから、中くらいの速さに落とし、さらに少しずつゆっくり、止まりそうなくらいのスローモーションまで、速度を落とします。この遊びは、あらゆる感覚に応用できます。太鼓を叩くときに、最初は速く叩き、それからゆっくりゆっくりと叩くペースを落としていく。歌を歌うときにも、最初は大声で、それからどんどん小さな歌声にする。強く輝いている光を、少しずつほのかな光に落としていく。思いつく限り、どんなやり方をとってもかまいません。子どもとゲームしながら実践してください。時速100キロの速さから始めて、時速1キロ、はては時速1メートルの速さへと落とすのが、基本的な理念です。亀さんとウサギさん、両方同時に演じましょう。

こういう風にゲームにしていくと、活動のレベルを調節することは、本来楽しいということがわかります。動きのパターンを自分で認識し、活動にあわせて力の入れ具合を調節し、活発な活動にすぐ流れないようにすることで、活動レベルを意識的にコントロールすることが可能になります。

二つ目の方法は、活動を構造化することです。スポーツでもダンスでも音楽においても、活動的になることが必要な瞬間もあれば、そうでない瞬間もあります。

活動的すぎる子には、ほかの音楽活動よりも、太鼓を叩くのがよいでしょう。大きな音を出してそれを耳にしながら、自分の手足を好きなだけ動かせるからです。それと並行して、叩き方の調節もできます。好きなリズムでやさしく叩くところから始めて、少しずつ決まったリズムに変えていきます。最初は元気の良いリズムで叩き、それからどんどんゆっくりとしたリズムへと、ペースを落としていくこともできます。

同じ遊びは、スポーツでも可能です。好きなようにあちこち駆け回るところから始めて、次はタッチする場所をいくつか設けます。さらに次は、走る速さをいろいろと変えてみます。キャッチボールも、ただ好きなように投げあうのから、片足でバランスを取りながらキャッチしたり、片手だけでキャッチしたりと、ルールを設けたキャッチボールにします。子どもといっしょに楽しみながら、関門や注文を設けていきます。こうして関わりながら過ごしていくと（数ヵ月から、さらには数年後には）、感覚刺激を欲しがり活動的すぎた子は、スポーツやダンスなどのアクティブな活動を楽しめるようになります。それだけでなく、ルールの範囲を飛び越えずに、注意深くからだを動かしながら十分に集中できるようにもなります。

感覚への反応が乏しい子どもには

感覚刺激への反応が乏しい子には、まずはエネルギッシュな声で呼びかけながら、子どもをどんどんこちらとのやりとりに引き込んでいきます。反応の乏しい子どもの注意を引くのには、さらにハキハキ元気な声で呼びかけなくてはならないでしょう。自己への気づきをうながすコツは、自分の世界に入り込んでいる子どもの姿を、あなたがマネしてみせることです。ひとりぼっちでいるあなたを、子どもの方から誘ってもらいましょう。想像の世界にふけっている子も、こちらを認識できるようになり、もっと反応してくれるようになります。自分以外の人からの発信にも、より注意が向くようになります。子どもの活動性を引き出してくれる先生や専門家がついていれば、よりよいでしょう。

感覚のハーモニー

感覚処理の問題を乗り越えようとする際に、重要になる目標は、視覚、聴覚、触覚など、すべての感覚を同時に使うことです。バレエの一団、あるいはバスケットのチームのように、脳のさまざまな機能を、すべていっしょに働かせることが望まれます。たとえば、キャッチボールしながら同時に会話しているときには、脳神経系のさまざまな部分が、いっしょになって働いています。感覚刺激への反応が乏しい子がいるとします。その子が、ダンスの新しいステップについて、言葉で説明を受け、レッスン部屋のあちらこちらで先生がしてみせるお手本を見ながら、新しいステップを学びます。その時まさに、身体感覚面、言語面、視覚面で、同時に刺激を受け取っているわけです。

要点は次のようになります。感覚の処理や調節のためには、その子にとって、どんなものが落ち着き、快適なのか。また、何によって元気づき、整った活動になるのか。こういったことに、簡単なことから順番に注目していくことです。言い換えれば、子どもが欲しがっているものには、どんなものであれ興味を持ってみることです。そして、幅広い範囲で感覚を受け入れ、楽しむことができるように、感覚に対する柔軟性を育てていくことです。自分自身の能力に対する気づきを育てて、視覚、聴覚、運動面での困りごとを、自分で対処できるようにします。以上の原則を常に意識しておけば、子どもは、自分の持つ生物学的特性に振り回されるのではなく、うまく付きあえるようになるでしょう。

第 6 章

感情のこもったやりとりや思考が、注意力を育てる

以前出版した、“*The First Idea* 〔Greenspan,S.I.,and S.G.Shanker.2004. Perseus Books〕”と“*Building Healthy Minds*〔Greenspan,S.I.,and N.B.Lewis. 1999 Perseus Publishing〕”という本〔訳者註：いずれも未邦訳〕のなかで、発達にともなって、感情のこもったやりとりが、その複雑さを増していく過程を説明しました。子どもの行う、自らの感情をこめたやりとりは、発達段階を追うごとに、どんどん分化していきます。感情をこめたやりとりが発達することで、思考、言語、行動のレベルも発達するのです。この章では、感情が育つとその調節もできるようになること、感情の調節ができるようになることがよりよい注意集中に結びつくことを、みていきましょう。このようなわけで、感情のこもったやりとりの土台に働きかけることは、ADHD の子に働きかける際、重要な方法なのです。乳幼児から始まり青年期にいたるまで、子どもの感情がどのように芽生え発達するのか、どのようにこれを育くんでいけばよいのかを説明していきます。

注意力、関係を結ぶ力、焦点づけて考える力の芽生え

感情の発達過程は、注意する能力に並々ならぬ影響を与えています。感情の発達過程そのものを説明する前に、まず下のチャートを見ていただくとわかりやすいでしょう。子どもの発達段階と、その段階をうまく乗り越えられていない場合にみられるサインを説明し

ています。

注意力、関係を結ぶ力、焦点づけて考える力の芽生え	早期兆候
情動の調節と外界への注意や関心（0～3ヵ月） 視覚、聴覚、触覚、動きなどさまざまな感覚情報に対して、関心を向け、意味のある行動をする（例：見つめる、音に振り向く）	視覚刺激や音声刺激に持続的に注意を向けることが困難である
周囲と関わること（2～5ヵ月） 親密度や関係性を徐々に示すようになる（例：目の輝きや楽しそうな笑顔が見られ、それが継続する）	ちゃんとした関わりはなく、全く関わらないか、薄っぺらい感情の表現にとどまる
双方向コミュニケーションと意志の芽生え（4～10ヵ月） 意志を伝達するために感情表現や、手のジェスチャー等を用いた相互交流が、ある程度できるようになる	相互交流が全くないか、自発的な要素の乏しい、一瞬の相互交流（例：単に反応しているだけ）
社会的問題の解決、感情と行動のコントロール（10～18ヵ月） 社会的、感情的な相互交流が問題解決のために整然と行われる（例：父親におもちゃを示す）	社会的相互交流や感情的なやりとりを開始したり、持続することが困難

より複雑な思考を育てる	早期兆候
シンボルの創造、言語と観念の芽生え（18～30ヵ月） 意味のある単語や文章を使い、両親や養育者との間でごっこ遊びを繰り広げる	言葉はないか、機械的な使用（例：耳にしたことのおうむ返し）
感情的思考、論理、現実感覚（30～42ヵ月） 意味のある考えを論理的に結びつける（例：遊びたいので、外に出かけたい）	言葉はないか、きまったフレーズで、考えは論理的ではなくまとまらない
抽象的に考える、ふり返って考える（5歳から、青年期、成人期まで続く） より高度なレベルの思考スキル。人の気持ちや起こった出来事の背景に、一つだけでないいろいろな要因を考えることができる。感情や思考を白か黒かの両極端でなく段階的に捉えることができる。自分や自分以外の人の感情や思考をふり返って、推察することができる（そこから、根拠のある結論を新しく導くことができる）	堅くて柔軟性に欠ける考え方で、微妙なあやニュアンスがとらえられない。自己への気づきにかける

情動の調節と外界への注意や関心

注意集中のため赤ちゃんが最初にする仕事は、落ち着いた気持ちで感覚と運動とをいっしょに働かせることです。もの言わぬ赤ちゃんの時代、全身で感じる感覚とからだの動きとを統合してくれるのは、まさに赤ちゃん自身の感情なのです。生後１ヵ月の赤ちゃんは、「かわいい赤ちゃん」と素敵な声で話しかけてくれるお母さんの方へと顔を向けます。このとき赤ちゃんは、視覚、聴覚、運動を調和させています。お母さんの顔を目でみつめ、お母さんの声を耳で聞き取り、お母さんの声のする方に頭を向けています。この一連の流れは、大好きなお母さんからの声を聞くことによる喜びの感情によって導かれています。外界に対して向ける注意力の芽生えにエネルギーを与え、感覚と運動とを調和させるのは、ほかならぬ赤ちゃん自身の喜びの感情なのです。

親も、赤ちゃんの注意のつかみ方を、すぐに身につけていきます。たとえば、大きな声を出すと過敏に反応してしまう場合、よしよしとやわらかい声をかけるようになるでしょう。逆に反応が薄く、何を見ても何を聞いてもよくわかっていないようだったら、もっと元気で活き活きした声で話しかけるでしょう。視覚的な刺激に反応しやすい赤ちゃんもいれば、音を使った方が気を引きやすい赤ちゃんもいます。

周囲と関わること

２～４ヵ月になると、赤ちゃんは次の段階に進みます。喜びと共に、人のいる世界に足を踏み入れるようになります。無機質なモノの世界ではなく、お母さんやお父さんを大好きになり、感覚のすべてを、お母さんお父さんの方に向けるようになります。とびっきりの笑顔で、こちらに気持ちを向けていることがわかります。おとなの方も、赤ちゃんをなだめ機嫌よくすることで、赤ちゃんが、見る、聞く、においをかぐ、味わう、からだを動かすなどに意識を向けるよう、促します。赤ちゃんをなだめる方法はいろいろあります。ゆらゆらと赤ちゃんをゆらす。こまかく揺らす抱っこ、ぎゅっと抱きしめる抱っこなど、抱っこの強さをいろいろと試してみる。あやす声のトーンもいろいろと変えてみる。どんなやり方がかわいい我が子にあっているか、次第にわかるようになります。赤ちゃんがぐずっているときは、おならがたまっているのかも知れませんし、ほかに嫌なことがあるのかもしれませんが、いずれにせよ、ちょっと困った事態です。お母さんお父さんは、どうしたらよいのか、いろいろ試してみます。ちょっと散歩するのがいいのかもしれないし、ぎゅっと抱っこするのがよいのか、それとも優しい抱っこがいいのかもしれません。色々な方法を試すことができます。なにより赤ちゃんも関わってくれるおとなを安心感の源として認識しますし、この人がいるともっと自分は落ち着けるだろうと期待するようになります。お母さんやお父さんがお部屋に入ってくると、赤ちゃんは部屋のなかをきょろきょろ探します。たとえばワンちゃんでも、目をキラキラさせて、ご主人にかわいく尻尾を振ってくるでしょう。赤ちゃんにとっても、お母さんお父さんはただ栄養を与え遊んでくれる存在としてではなく、安心感を与えてくれる存在にもなっているのです。

双方向コミュニケーションと意志の芽生え

8ヵ月ごろには、コミュニケーションのやりとりは、本格的なものになります。赤ちゃんは、手を伸ばしたり、声を出したり、微笑みを向けたりするようになり、お母さんからもそれに反応を返します。われわれはこれを、コミュニケーションの輪と呼んでいます。

表情や腕や脚の動き、からだの姿勢、いろんな声でもって、赤ちゃんは自らの感情を発信します。また、自分の好き嫌いをこちらに知らせようとしています。このようにして赤ちゃんは、周りの環境を自分にあうように調整することを学んでいきます。たとえば、静かに「しーっ」としてて欲しいのか、もうちょっと遊んで欲しいのかを、こちらに教えてくれるのです。お母さんから返ってくるリアクションに注意を向けることで、赤ちゃんは「まわりの世界に、自分から何かできることがあるんだ」と理解し始めます。赤ちゃんはおとなを動かすことで、自分にとって心地よい環境を作り上げることができるわけです。

社会的問題の解決、感情と行動のコントロール

10 〜 18 ヵ月になるころ、赤ちゃんはいろんな表現や複雑なジェスチャーを使って、絶えず感情のやりとりをするようになり、いわゆる社会的問題の解決と呼ばれることをするようになります。つまり、欲しいものがあるとき、抱っこして欲しいとき、オモチャを取って欲しいとき、赤ちゃんは、自分の思う方向に、おとなの注意を向かせます。声や身振りや表情を使っておとなにせがみます。さらにおとなも、声や身振りや表情で、赤ちゃんに返事を返します。

このスキルが発達すると、周囲の環境を快適に変化させる能力はさらに高まることになります。たとえば、パニックになったとき、赤ちゃんは親にそれを知らせることができます。自分の手で自分の耳をふさぐ、もしくはお母さんの耳をふさぐ。さらには、「しーっ」というように、お母さんのお口をふさぐと、なおわかりやすくなります。すべての赤ちゃんができるわけではありませんし、ただパ

ニックになって泣いているだけの赤ちゃんもいます。しかし、赤ちゃん自身の困っている様子を身近なおとなに見てもらうだけでも、それは赤ちゃんからおとなへの静かにして欲しいというサインとなります。感覚刺激をたくさん欲しがる子は、お父さんの手をとって部屋を走り回ろうとしたり、ボールをお父さんの方に転がしたりしますが、自分のしたいことのサインを正確に出すことができていると言えます。このスキルがなければ、ただ部屋中を走り回って、あちこち叩きまわるので、早いうちから多動というレッテルを貼られることにもなりかねません。

人との関わり、コミュニケーション、注意を育むには

活動的な子の場合

第4章で述べた、さじ加減ゲームをはじめとするゲームは、動きにあわせて声を出す練習になります。また、声の調整、つまり、声を小さくすることも学べます。ゲームを通して、ランダムに動き回るのではなく、人と関係を築きながら、時と場合に応じて行動することを学習していきます。感覚刺激を欲しがるタイプの子も、いろんな動きを楽しむことができます。それだけではなく、相互的なやりとりの枠組みへと、行動が方向づけられます。つまり、お母さんお父さんや、ほかの子と遊ぶように方向づけられるのです。

反応に乏しい子の場合

自分の世界に没頭して、孤立しているような子どもには、もっとエネルギッシュに、目にとまりやすいように関わりましょう。自分の世界に浸っている子でも、ときどき遊んで欲しいというサインを出すことがあります。たとえば、びっくり箱みたいに飛び出るオモチャのボタンを押し、「いっしょにしない？」と目でうったえながら、ちらちらとこちらを振り返っています。子どもからのこういうサインを拾って、ちょっとしたゲームに広げていきます。

お母さんはこの時、子どもから発信される感情のこもったサインをキャッチし、子どものアンバランスな特性にあわせて、返事を返していますが、それだけではなく、感情の結びつきをより確かなものに育んでいるのです。子どもは、自分の感覚のすべてを総動員して、まとまった行動をするようになります。子どもの内に湧く暖かな親愛の感情によって、からだの動きと感覚とが協応します。そしていろいろな気持ちがつながるようになり、おそらく脳神経の様々な領域の接続もよくなっていくのです。

感情と感覚処理の問題について

声をよく発し、言葉もすでに幾つか出てきている子どもの場合、視空間認知のスキルが欠けていることは見落とされがちです。こういう子には、オモチャなど何か子どもの好きなものを使います。オモチャを部屋のどこかに置き、ちっちゃな柵で囲います。そして「さぁ、トラックはどこに行ったでしょう？」と、活き活きと弾んだ声で、ゲームに誘いましょう。子どもの手をとって柵に向かっていきます。トラックを囲んでいる柵は踏み壊してしまってかまいません。もう少し複雑なゲームにもできます。部屋のあちこちに三つの柵をつくって、オモチャを隠します。子どもは三つの柵の中からオモチャを探し出さなくてはなりません。どのやり方の場合でも、視空間認知のスキルを育てているのは、オモチャを取り返したいという子どもの気持ちです。一つのことにしか目を向けられなかった子は、部屋の中の三つ四つの場所に目を向けられるようになって、部屋の全体像の感覚が育まれます。自分の周囲全体を視野にいれながら、"大きな絵"を描けるようになっているのです。たくさんの言葉を身につけて暗記力も優れているのに、集中の範囲が狭くなりがちな子は少なくありません。限られた範囲だけでなく全体がみえるようになるとよいでしょう。まだ幼い子でも、お気に入りのオモチャを使ったり競争に誘ったりすることで、強い動機を引き出し、注意の範囲を広げることは可能です。

さらに複雑な思考へ

言葉とイメージ

お話しができるようになり、イメージを使えるようになると、自分を取り巻く環境を自分でコントロールできるようになり、安心感も増します。感覚処理の難しさは抱えながらも、以前よりは落ち着いていられるようになります。つまり、単語やイメージを使って、欲求を表現できるようになっているからです。たとえば、落ち着かなくなったときは「ゆらゆらして」と、自分から言葉に出して言えるようになります。お父さんに両手を伸ばしてせがんだり、「ぴょんぴょん」と言いながらマットレスやトランポリンを運んでくることもできます。自分からしたいことを要求することができるわけです。

ゴッコ遊びもまた、欲求のもう一つの表現方法です。雷のような大きな音がどこからか聞こえてきたら、子どもの操るお人形は、子どもに代わって“こわがる”ことができます。優しい触り方にしろ、ぎゅっと抱っこするにしろ、テディベアを撫でることで、気持ちをおとなに表現することができています。

言葉を十分に使えない子は、絵を使って表現することができるでしょう。言葉以外の方法でもコミュニケーションがとれると、子どもは心強く感じます。

論理的思考

さらに発達段階が進み、３歳から５歳になると、子どもはイメージとしての考えと考えをつなげるようになります。「どうしてお外いきたいの？」と質問すると、子どもは「お外でかけっこしたいから」と答えます。もしくは、「どうして悲しそうな顔をしているの」とたずねると、「おねえちゃんが遊んでくれなかったから」と、説明できるようになります。考え同士をつなげて、因果関係が理解できるようになります。そして、行動がどういう結果に結びつくかの、気づきが芽生えます。たとえば、音や触られることに過敏な子だったら「おかあさん、ここ、うるさいの！」「○×ちゃんがぶつかってきて、いやだったの」と表現できるようになります。もっと動きたい、感覚刺激が欲しいという子なら、「おかあさん、おすわりしたくないの。お外でかけっこしたいの」と言えるでしょう。

視空間認知

論理的思考は、視空間認知の領域でも発達します。積木はどうやって積むか、鏡に映った姿はどう動くか、把握できるようにしていきましょう。たとえば、二つの粘土のかたまりをくっつけて、一つのニョロニョロヘビやボールにして見せます。子どもは、丸い粘土より細くて長い方が多いと思うでしょうか。同じように、背が高くて細いコップの水と幅の広いコップの水とで試してみてもかまいません。どのやり方でも、論理的考えや処理能力を育てながら、同時に、興味の持続力、集中力を高めます。

反応の乏しい子には

感覚的に反応が乏しくても、いったん遊び相手としての関係を築けていれば、子どもの方からゴッコ遊びに誘ってくることもあります。静かな遊びが好きで、独り言ばかりつぶやいているようなら、活き活きと元気良く誘いましょう。遊びをふくらませ、やりとりを広げるようにもっていきます。からだを使ったたくさんの動きが必要な遊びを嫌がる子もいます。そんな時は、好きなテレビキャラクターと同じ格好をさせて遊ぶなどして誘いかけましょう。お父さんをお供に出発して、平均台の上にのる、バランスクッションの上に立つなど、楽しい冒険に出発します。「おとうさん！こわい！川に落ちないで、（橋に見立てた）へいきん台を、わたれるかな」と言葉にできていることが大切です。お父さんも「おっと、落ちないように手につかまっていな。お父さんはここにいるよ。お父さんはスーパーヒーローのお友達だもん」と返します。子どもの想像がふくらむように手を差し伸べましょう。論理的思考が芽生えることで、ほかの領域の能力も伸びていきます。

話せるようになると、イライラしていたり何か嫌なことがあったりしたとき、言葉で言うこともできますし、言葉を介しておとなからも共感を返してあげることができます。言葉を重ねることで、最初は面白くない感覚体験にも少しずつ慣れていくことができるでしょう。子どもと言葉を交わし、大丈夫だよと安心感を与えながら、ゲームを楽しみます。最初は苦手だった感覚体験に慣れるころには、子ども自身もゲームを楽しんでいることでしょう。心配ごとや怖れを言葉で表現してもらい、おとなは子どもの言葉を聴き、ゴッコ遊びをしながら表現をうけとめ、共感を返します。子どもは少しずつ心配事や怖れを乗り越えていけるようになり、自分自身の感情もうまく扱えるようになります。気持ちを我慢させるのではありません。心地よくて安心感に満ちた環境で気持ちが表現できること、子どもの言葉に共感的に耳を傾けることが肝要なのです。気持ちの表現、気持ちのコントロールが身についた子は、目の前の怖いものを自分で何とかしようとするようになり、本能のまま衝動のまま逃げ回ることは少なくなります。

いろんな原因を考える、グレーゾーンで考える

論理的思考が発達していくと、単一の原因ではなく、いろんな原因を考える段階へと進みます（4歳から6歳のあいだ）。パニックになったとき、暴れたくなったとき、子どもはいろんな原因を考えられるようになります。そこからさらに、グレーゾーンで考える段階へと進みます（7歳から9歳のあいだ）。子どもは自分の気持ちのさじ加減を捉えられるようになります。どれくらいの強さで触られるのが丁度よいのか、教えてくれるようになります。たとえば、足をマッサージしてもらっているときに、「もうちょっと強く」とか「ちょっぴりきつい方がいいの、おかあさん」と注文をつけられるようになります。身体を揺らしているとき、「もうちょっとして、おとうさん」「もうちょっとやさしく、おかあさん」と、教えてくれるようになります。この段階に到ると、子どもは自分の感覚・運

動の領域を、本当の意味で自分自身で調節できるようになります。「遅く」「速く」「止めて」というオール・オア・ナッシングではなく、ちょうど良いぐらいに、さじ加減をすることができるのです。

感覚刺激を欲しがって動き回るタイプの子は、動き回りながら、自分の動きを細かく調節できるようになります。もうちょっとだけ速く、もっともっと速く、といった具合です。この段階に到っていれば、何かしている最中に、話し合いながら、どれくらいがちょうど良いか伝えることも可能です。「これすっごくおもしろい」「ちょっとこわいな」「つまんないねぇ」などです。

いろいろな原因を思いつく能力を伸ばし、どうしてこれがしたいのかの理由をあれこれと説明できるようにするには、子どもが次の行動に移ろうとしているときに、理由を尋ねてみることです。「しんせんな空気をすいたいから」と答える子には、「どうして新鮮な空気がほしいのかなぁ?」とたずねます。「だってね、学校でまいにちすわってるんだ。あと、みんなお外で野球してるでしょ。ぼく野球大好きなんだ」。「なぜ?」と問いながら子どもの様子を観察し、子どもの意図を聞き取るのです。関心のある話題だったら、子どもは会話に集中します。子どもの自然な興味関心を拾いあげて、あれこれともっと複雑に考えるように促すわけです。

ふり返って考える

成長するにつれて、ふり返って内省する思考が、どんどん育っていきます。子どもは、自分自身が何を欲しているか、さらなる確信をもって把握できるようになります。落ちついてリラックスできているときや、興奮して活動的なときを自分自身で認識できるようになります。ワクワクしたい冒険したいと思うなら、スポーツやダンスをする、戸外へ出て探検するなど、じっくり選べるようになります。もっと静かに一人で居たいときには、本を読んだり、絵を描いたり、文章を書いたりすることもできるでしょう。子どもの選択を後押しすることが、気持ちを落ち着けたり、興味関心を発揮することの後押しとなります。ふり返って考えることのできる子は、自分が欲しいものは何か、なぜ欲しいのか、それがあるとどんな気持ちになるのか、自分から教えてくれるので、親やおとなにとっていわばパートナーとなります。

思考レベルが後戻りすること

当たり前のことですが、感情が激しく高ぶったり、本格的にパニックを起こしたりすると、おとなと同じように、子どもの思考レベルも後戻りしてしまいます。両極端に考えるようになってしまい、衝動的で散漫になり、自分のうちに引きこもってしまいます。これは万人に共通して起こることです。ですから、激しい感情の高ぶりや急な気持ちの変化を自分でそれと認識することも万人に共通して必要なことです。子どもだってそれができるだろうと思いたくなります。自分の行動をふり返ることができれば、「うーん、今日は気分がわるいや。何食べたっけ？何をしたっけ？何か気分が落ちるようなことがあるのかな」とふり返り、この三日間、遅くまで起きて騒がしい雑音にさらされていたので、自分の感覚がくたびれていることに、自分で気づくことができます。

感覚や感情面に急な変化が起こったときの思考レベルの後戻りは、いつも念頭に置いておいてください。しかし、感情、思考の発達段階が新しいレベルへ進むことにより、注意と動き方のレベルも進み、困った時でも以前より上手に行動できるようになるでしょう。

感情の発達と思考スキルを育む

先に挙げたような感情的発達と思考スキルのレベルを発達させることで、自己コントロールや注意集中ができるようになります。このとき、心にとどめておきたい幾つかのポイントがあります。

1. 感覚のすべてとからだの動きとが調和するように

いろんなゲームや遊びを通して、見たり聞いたり、動いたり動かしたり、時にはにおいをかいだり、味わったりできるようにします。

2. 言語・非言語の両方を使って長いやりとりをする

注意に問題がありながらも、長い会話ができ、感情のサインを伝えあうことができる子もいます。しかし、10分とか15分とか話しあうのではなく、途切れ途切れの会話であることもしばしばです。子どもとの会話では、子ども自身の実体験に基づく、いろんな興味の領域が話題になるようにしてください。たとえば、宿題のこと、兄弟ゲンカのこと、いつものテレビ番組や特別なごほうびなどについてです。

3. 感情表現のレパートリーを増やし感情面での許容範囲を広げる

がっかりする、イライラする、腹が立つといった感情は、注意力と自己統制に問題のある子にとって、扱いにくい種類の感情です。先生から難しい質問を投げかけられると、窓の外をぼんやりと見つめ、“頭がまっしろ”になり、空想にふけってしまう子もいます。他方、攻撃的になったり、大暴れしたり、カンシャクを起こしたりする子もいます。これは、自分の中のネガティブな感情を、うまく手なずけられないことが原因であることもしばしばです。ほかに、質問が難しすぎて訳がわからないことや、答えに失敗することへの怖れが原因となっている場合もあります。リラックスしたおしゃべりのときに、ネガティブな感情の、ほんのさわりだけを話題にしていくと、ネガティブ感情を認識し、コントロールできるようになっていきます。

子どもとおしゃべりしているとき、子どもの表情に注目してください。表面上の言語表現より、その感情を体感できていることが重要です。十分話せる子なら、自分の感情を言葉にしてもらいます。悲しいことやわくわくすること、落胆や幸福感、腹立たしいことや楽しいことなど、自分の感情を十分に表現してもらいましょう。自然に話しているなかで登場する感情を利用して、少しずつ表現するのです。たとえばいっつも真っ先に手を挙げるクラスメートについておしゃべりすることで、イライラの感情がわくかもしれません。

明日はどんなかなゲーム

おとなと子どもとでいっしょに、明日のことを思い描きます。そして、そのシチュエーションでどう感じるかを想像します。幸せなのか、わくわくするのか、腹立たしいのか。怖いのか、心配なのか。さらに、ほかの人だったらどう感じるかも想像します。子どもにしゃべってもらい、おとなのあなたは家庭教師みたいに傍にいて、ところどころでコメントしていきます。助けが必要なようなら、あなたの子ども時代からのちょっとした思い出をヒントとして使ってください。「子どもだったときのことは覚えてるよ、お父さんがよく腹が立っていたのは･･･」。このゲームでいちばん大切な目標は、子どもが自分の感情を生き生きと詩人のように表現できるようになることです。言葉だけでなく、身振り手振りや音調も用いて表現させていきます。言葉になりきらないレベルの感情も認識できるようになると、ネガティブな感情に突き動かされないようになります。“明日はどんなかな”と考えることで、自分の感情を予測するようになり、衝動的に行動するのではなく、状況にあわせてどうしたらよいのかを考えられるようになります。これが、注意と自己コントロールに難しさを抱える子にとっては難関なのです。

4. 子どものリードや興味についていく

子どもが野球のことや恐竜のことを話したくて、誰かと関わって気持ちを伝えたそうであれば、その興味についていきましょう。そしてひとたび熱中しだしたら、ほかの話題を出すなどして、会話を広げていくようにします。子どもの興味は、やりとりのスタートとするべきですが、ゴールにしてはいけません。子どもの関心と楽しさを引き出していきながら、少しずつ違う話題を投げかけてください。

子どもの関心がコンピューターゲームなど狭くてパターン的であったとしても、そこに参加していけば創造性を刺激することはできます。ちょっと困らせたり違うことを言ってみたりして話題を広げていきましょう。「やっつけられている人はどう感じているだろうね」とか、「ゲームはどういう風に進んできたの」とたずねるのです。ゲームの中でピンチになったとき、子どものあやつるプレイヤーは一体どうするんでしょう？

子どもが空想しているときには、話が論理的であること、常に意味が通っていることを確かめてください。お話は空想でありながらも、筋が通っているべきです。魔法の力だってＡとかＢとかＣとかの原因に基づいて働くでしょう。

5. 論理的に考えるようにふり返って考えるように

注意に問題のある子は、一つひとつの考えのピースをつなげるではなく、バラバラのままに考える傾向があります。つなぐ能力のところで、論理的能力について言及しましたが、論理的能力というものは、勉強でも仕事でも、色々な局面で必要となるでしょう。たとえば、宿題についてお話ししているときに、お気に入りのコンピュータゲームのことに急に話題を変えることもあるでしょう。このとき、お話の意味が通るように子どもにたずねるのです。「お母さん、頭がこんがらがっちゃった。宿題のことを話してると思ったのに、いまはコンピュータゲームの話になったね。」「えっとね、おかあさん、算数の宿題のお話ししてたら、ゲームを思い出しちゃったの。ゲームの中で数えなくちゃいけないところがあるから」。考えと考えを関連させるようにしながら、その関連性も説明できるように質問してください。校則や、それを破ったときの罰則、公平性とは何かの話し合いだけでなく、お布団に入ってからのおしゃべりまでが、その子の論理的思考を、最大限に引き出す時間となります。

感情の発達と思考スキルを育てる五つのルール

1. 感覚のすべてとからだの運動とが、いっしょに調和して働くようにする。
2. 言語・非言語の両方を使って長いやりとりをする。
3. 感情表現のレパートリーを増やし感情面での許容範囲を広げる。
4. 子どものリードと興味についていく。

5. 論理的に考えるように、ふり返って考えるようにする。

論理的に考えることで、ふり返って考えられるようにもなります。先述したように、注意の問題がある子は、「前のテストはパスしたのに今度のは何で不安なんだろう」と、以前に経験したことをもとに今ここでのことを考えることができません。ふり返って考える能力は、スケジュールを計画したり、自分の仕事に見落としがないか見直ししたりするときに必要です。ふり返って考える能力は、子どもに意見を求めることで伸ばすことができます。『作文の中で、何か見落としはない?』「わからないよ」『うん、じゃあどういう風にして、あの結論になったの?』もしくは、こうです。『最初の段落は他の段落と、どう関係するの?』「よくわかんない」『どうやったらいちばん言いたいことを伝えられるかな?』「言いたいことをリストアップして、いくつかのまとまりにして、それを順番に組み立てていけばいいと思う」。論理的に考える能力、つなげる能力、自分のしたことをふり返る能力は、互いに密接に関連しています。それは、学校や仕事場で注意集中を保つ能力につながります。

第７章

見たことを理解する 聞いたことを理解する

注意力に問題をもつ子の多くは、自分が見たり聞いたりしたことをまとめあげて、理解することが困難です。自分の目を使って大事なことに焦点を当てたり、パターンを認識したりすることがなかなかできません。周囲の状況と自分とを関連させて認識することも困難です。言葉での指示に従うことにも難しさがあります。左から右、上や下へと目で追うことが難しいのです。こういったことがあると、もう少し大きくなって本を読むようになっても、ページの上で文字を目で追いかけて意味を理解することが難しくなるのです。たくさん連なっている単語を覚えておくことも難しい問題となります。視覚的処理は距離を判断することも含みます。それゆえに、視覚的処理に問題があると人や物にぶつかってばかりいることになります。自分や相手が動いている状態だとさらにひどくなります。“全体像で考える”、つまり木と森を、同じ全体の一部として同時に見ることの問題もあります。これは後に、量の概念の理解の難しさにつながり、計算問題がうまくできないということになります。

視覚的処理や聴覚的処理の問題があるために物事の理解が混乱してしまうと、教室の中では不注意な状態となってしまいます。空想の世界におぼれてしまう場合もあります。あるいは、ほかの子のおしゃべりや、外の木にとまっている鳥の鳴き声によって、落ち着かなくなったりしてしまいます。たとえば新しいスポーツや歌を覚えるときなど、ほかの人のすること、言うことをマネして学習しなくてはいけないときに、注意を維持できなかったりあちこち気を散らしてしまったりします。

見たり聞いたりしたことの理解はとても大切で、思考する力を支えています。後でも述べますが、机の上の学習だけでなく実生活において時間の流れや物理的な環境をどう理解するかということも含んでいます。

見たり聞いたりしたことをうまく理解できずに不注意となっている場合、その基本的な能力を底上げすることが大切です。視覚的な検査や聴力検査はほとんど欠かせません。もし何か問題がみつかるようなら、専門家への相談が必要になります。この本の最後にのせた“感覚処理と運動能力に関する質問紙”も、子ども一人ひとりのプロフィールを明らかにするのに役立つでしょう。

目や耳からの情報をまとめ上げて理解するという基本的な能力が十分でない場合、それをどのように育てていけばよいかを、これから説明していきましょう。いろいろなゲームや遊びを通して能力を伸ばします。年齢が高い子にあわせて、もっと高度なものに変えることも可能です。あらゆる子に必要だとは言いませんが、これから挙げるゲームや遊びは、注意力と問題解決力の改善に役立つものです。

視空間的思考の段階

Harry Wachs〔訳者註：視機能の発達研究のパイオニア〕の研究〔Furth, H., and H. Wachs. 1975. *Thinking Goes to School: Piaget's Theory in Practice*. Oxford University Press.〕にもとづいて、視空間的思考の発達段階を作ることができます。最初は、視覚によって自分のからだがどのように働くかを理解します。自分をとりまく物理的な環境と自分のからだがどのように連関しているのかを理解し、周囲の状況を把握するためです。たとえば赤ちゃんは、お鼻、お口、お耳、お目めなどの形が人の顔であるとどのようにして知るのでしょうか？　生まれたばかりの赤ちゃんでも、こういった基本的な視覚のパターンを見きわめることができるのです。つまり人の脳には、生来的にこのような能力が備わっているようです。しかしそれから先は、これらの視覚的パターンの理解の為には学習が必要です。このスキルはどのようにして発達し、そしてどのようにして伸ばすことができるのでしょうか？

見えるものに興味を持つ

最初の段階は、自分の注意を調節して、外界に興味を向けることです。そして、捉えた情報を視空間的な枠組みの形に捉えなおします。ここで言う“注意”とは、目で見て耳で聞いて情報を取り入れることです。注意力を伸ばすには、情報の取り入れ力を伸ばすことです。赤ちゃんの場合だと、お母さんの顔を見つめ、お母さんの声に耳を傾けるようにうながします。年齢の高い子でも気が散りやすい場合は、活き活きとした環境に身をおき、自分から興味をもって、周囲の様子やものの細かいところに目が届くように促すことで注意力の成長を促します。

子どもを育む遊び

自然の中を歩きながら、見えるものを何でも語ってもらいます。いろんな色や形の花、木々、動物、風景、空の様子について。それには、お散歩クイズがよいでしょう。車は何台？　標識はいくつ？　教会はいくつ見つけられた？　みんなで競争しましょう。だれが最初に見つけられるかな？　宝探しや、かくれんぼ遊びは、細かい所を見る注意力を伸ばします。こういったさまざまなゲームや遊びが、Reuven Feuerstoin によって開発されています。彼は視空間認知研究のパイオニアです。ゲームの中で子どもは、細部を見分け、断片的なイメージからパターンを見てとれるようになるでしょう。地下鉄や博物館、スーパーでの買い物など、子どもの視野を広げ、細部まで気づくことをうながす機会はどこでもあります（できるだけ現実の世界で行うことが大切ですが、本の中にある写真を使うこともできます）。

しかし、視覚的な刺激によってパニックになりやすい子もいます。こういう子には、許容範囲を超えないように気をつけて、刺激量を調整しながらいろいろな新しい視覚刺激を体験させていきます。明るい色と同様、明るい光や太陽光線によってパニックになってしまう子も少なくありません。そのような場合、たとえばお祭り会場には連れて行かないことです。他方、視覚刺激への反応が乏しい子もいます。たとえば、柔らかい色だと注意を引けないでしょうから、はっきりしていて、明るい色がよいでしょう。

すべての感覚を協調させる

細部への注意力を育てるには、視覚とほかの感覚とが協調しあうようにすることです。自分の世界にこもり、視覚と聴覚、視覚とからだの動きとが、協調しあっていない傾向の子には、どんなことに興味が湧くのかを、見つけてあげることです。たとえば、アイスクリームが好きなら、アイスクリームのコーンをまっすぐもって、なめて味わい、においを楽しみ、舌で冷たさを感じます。こうやって、すべての感覚が協調しあうようにするのです。

視覚的な世界へ

落ち着いて注意を向けられるようにするには、見る行為に感情的な意味合いを含ませることが必要です。たとえば、赤いボールに、ただ目をやるのでは不十分です。そうではなく、赤いボールを使って、お母さんとのやりとりを楽しむことです。子どもは、赤いボールを見ることとお母さんと遊ぶことの楽しみとを結びつけるようになります。お母さんと遊ぶことのできる赤いボールに、さらなる注意が向くようになるでしょう。このように、無機質な世界と人が生きる世界との間に視覚を使って橋渡しすることが望まれます。お父さんと一緒に電車の模型を作るのを楽しめるなら、線路一本の長さや駅と線路のつなげ方に、注意をはらうようになるでしょう。

子どもを育む遊び

おとなといっしょになって楽しみながら、興味と注意を引き出せるゲームは、たくさんあります。まだ小さな子には、ちっちゃいクマのぬいぐるみをあなたのポケットにいれるところから誘います。クマさんの頭はのぞかせておきましょう。子どもはクマさんを取り戻そうとして、人としてのあなたとモノとしてのクマさんとを関係づけて捉えています。さらに、少しずつひねりを加えます。たとえば、クマさんをどこかに隠しておいたり、お馬さんになったあなたの上に乗せてみたりします。クマさんを手に入れるには、お馬さんのあなたの後を追いかけなくてはなりません。こうして、人のあなたと興味を注いでいるモノとの間に視覚的なつながりが形づくられます。右から左、立ち上がったり寝そべったり、イスの後ろに隠れたり、あなたの動きを追うことで子どもは目で追うスキルを学びます。

視空間的な問題を解消する

ここでは、子どもが、自分のからだと、自分ではないモノとの、空間的な位置関係を捉えるのが目的です。視覚的な問題を解消するのに必要な、（第４章で説明した）動きを組み立てるスキル、動きをつなぐスキルを育てます。脳性まひなど、運動面に問題がある場合、動作はシンプルなものに留めます。たとえば、首をふる、目で追う、舌を動かすなどです。こういった動きを通して、目で捉えてわかったことを表現します。

自分のからだを、ほかの人やモノと関連させながら、空間的に把握できるようになると、視覚的な状況がわかるようになるだけでなく、自分と相手との、相互関係もわかるようになります。遊ぶ時には、遊び相手との空間的な距離を判断しなくてはなりません。さらに子どもは、秒や分の概念を知る前に、時間の感覚も身につけています。相手のところまでたどり着くのに、どれくらいかかるのかを把握しているのです。視覚的なスキルの獲得に伴い、空間と時間の概念も、体験的に子どものうちに形成されているのです。

子どもを育む遊び

運動そのものにはあまり問題はないけれども、動きの組み立てに問題がある場合、前にお話した“進化しようゲーム”などの遊びがよいでしょう。遊びに目で見てわかるようなゴールを設定します。たとえば、床をもぞもぞと這って、お馬さんの役を演じているお姉

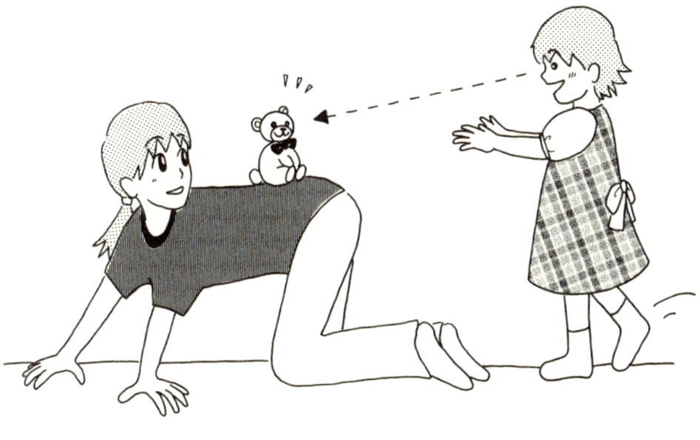

ちゃんを、追いかけていきます。

遊びに使う小道具の使用の幅も広げていきましょう。色、形などを工夫します。興味をひくような小道具を活かしてからだ全体を使って遊ぶのです。たとえば、かくれんぼもできるでしょう。手やからだのどこかにキャンディを隠して、子どもに見つけてもらうのです。「手の中？　それともポケットの中？　お尻の下かな？　お父さんの座っているお尻の下かな？　お尻の下だったら、お父さんをどかさなくちゃいけないね」。子どもは、あちこちを柔軟に見ることを学び、現実場面での視空間的な問題を解消する能力を養います。バランス感覚と協調運動を用いる運動も、発達には必要です。この能力によって、自分のからだを空間的に捉える感覚が得られますし、動いているものにあわせて柔軟に動く感覚も育ちます。

ゲームの中で、からだの右側の動きと左側の動きを、統合させていきます。左手と右手、左足と右足をいっしょに使うような運動をしましょう。よじ登る、走る、ジャンプする。もぞもぞ這う動きも、もっとややこしくしてかまいません。目で対象物を追う能力も、本を読むことからコンピューターゲームをすることまで欠かせません。この能力に働きかけるのにもっともよいのは、キャッチボールです。最初は子どもとただボールを転がしあいます。それから、右へ左へとボールに変化をつけます。まだ言葉が育っていない子には、ボールを手で持って、「たかぁい」「ひくぅい」とボールを動かして見せます。子どもがボールに手を伸ばしてきたら、「この向こうだよ」「うしろにかくれちゃった」と広げます。まだ言葉を理解していなくても、空間のさまざまな座標軸を体感することができます。言葉が獲得されれば、この体験はさらに意味をもってくるでしょう。

視空間的な問題を解決する力を養うためのゲームの種類は尽きることがありません。あなたに興味の目線を向け、自分を取り囲む環境の細かいところまでに目が向くようにすることが目的です。そしてなにより大切なのは、子どもを楽しませることです。

聴覚処理の発達段階

子どもはまず、音を聞き分けることから学習します。たとえば、tとpを区別できず“be patient”が、”be tracient”と聞こえたら、頭がこんがらがってしまうでしょう。赤ちゃんはいろんな音を聞き分けられるようにならなくてはなりません。神経システムが成長するにつれ、耳にするさまざまな音を、聞き分けられるようになっていきます。文脈の中で言葉を理解したり、言葉と実体験を結びつけたりすることで、音の区別を学んでいくのです。ちなみに、日本の子どもはアメリカの子どもより、たくさんの音を学習します。

次に、音素をつなげて単語全体の意味がわかるようになります。その次に学ぶのは単語の組み合わせです。これが身につくと“ドアをあけてちょうだい”というような、簡単な指示にしたがうことが可能になります。そして、いわゆるWクエスチョン（どこ、だれ、いつ、なに）に対して、いろんな答えができるようになります。そのうち、“なぜ”という質問に答えられるようになります（3～4歳の間です）。なぜという質問に返答できるということは、たとえば、「なぜお店に行きたいの？」「今日、ジョニーが病気で、どう思った？」「おばあちゃんが入院していて、どう思う？」など、より抽象的な質問の理解ができるようになっているということです。

しかし、言葉の意味が理解できたとしても、イメージや説明を流れとして理解できないことがあります。聞いた事を順番につなげて理解できないのは、ADHDに共通した問題です。たとえば、担任の先生がこう言うところを想像してみてください。「最初の三つの問題をやって、できたら先生に見せてね。ちゃんとできていたら、次の三つの問題をやってね」。もちろん、問題なく指示に従える子もいますが、言葉がこんがらがって、意味がゴチャゴチャになってしまう子もいるでしょう。いうなれば、言葉の指示が、特急みたいに通り過ぎるので、どこに向かっていいかわからなくなってしまい、溝にはまり込んでしまっているのです。不注意に見られてしまったり、ところどころで話を聞いていないようだったりするのはこのためです。訳がわからなくなって気持ちがそれてしまっているからなのです。

子どもが混乱しているときは、子どもに手を挙げさせて、こう言ってもらいます。「もう一度やって」「ゆっくり、ひとつずつ教えて」。言葉や動きをつなげる能力がそれほど高くない子は、たとえば、新しいダンスのステップを学ぶ際、ステップを噛み砕いて、なるほどとわかるまで一つひとつを繰り返すことです。

三つ目の段階は、言葉を聞いて、抽象的な概念として把握できるということです。教科書に出てくる登場人物がどう感じていたのかを先生が説明するとき、これは抽象的な概念を説明しているのです。聞いている子どもがわかっていない場合、子どもは窓の外に見える何かに目をやってしまうこともあるでしょう。数学になると、さらに抽象的な概念が登場します。たとえば、分数や式の長い割り算です。先生が説明をすれば、すぐわかる子もいますが、なかなか理解できない子もいるでしょう。よくおわかりの先生なら、口頭だけでの説明よりも図やチャートなど、視覚的な補助教材を見せてわかるように教えるでしょう。

視覚、聴覚、いろいろな感覚を協調させる

視覚スキルと聴覚スキルを高める遊びは、かくれんぼの中で行うことができます。たとえば、音の手がかりと言葉の手がかりを頼りに探します。「ブー！そこにはいないよ、机のうしろだよ！」。または、いろんなものを集めてから、まず目で見て、それから目隠しをして、手触りだけを頼りに、それが何かを当てるゲームもよいでしょう。何かで叩いて音を出したり、においをかいだりします。口にしてもよいものなら、味を確かめてみてもかまいません。そして、それがどんな形をしているかを言葉で説明してもらいましょう。この遊びで、視覚以外の感覚をもとに視覚的なイメージを作ることを学びます。

視力に問題のある子どもなら、音や手触りやからだの動きを通して視空間的な世界を作っていきましょう。十分話せる子なら、手触り、におい、味、動き方を材料にそれがどんな姿かたちをしているかを説明することができるでしょう。歩いて近づき、触れてみたり、音がどこから聞こえてくるかに基づいて、それが部屋のどこにあるかが、判断できます。こうして、自分の置かれた空間の視空間的地図ができあがります。聴力に問題のある子でも同様に、視覚的なサインを使ってゲームを進めていき、その物の外観に味やにおいを結び付けます。つまり、自分を取りまいている世界を、可能な限りたくさんの感覚を使って描くことが目標です。

周囲の世界を機能的に理解する

ここでは、ものをどのように使ったらよいのかの感覚を育てます。繰り返しでパターン的な扱い方から、実際的で機能的な使い方

の理解が始まります。子どもが身をおく世界において、実際に使えるものがたくさんあることは、重要なことです。くし、ヘアブラシ、鐘、オモチャの電話、音のなるオモチャ、トラックやミニカー、お人形など、子どもの周りにはたくさんのものがあります。そして、それぞれのものにあわせた扱い方に目がいくようになります。しかし、言葉で表現できるようになる前から、子どもは物の使い方のパターン、機能を理解しています。「お人形」とか「電話」というように言葉でラベルするのは後になってからです。16ヵ月の子どもでも、おとなが電話をかけているところをマネします。受話器を耳に持って行って、声をあげます。つまり、電話の機能が、コミュニケーションの機能だということがわかっているのです。

この段階では、マネッコを通してものの機能的な使い方を伝えていきます。たとえば、髪の毛のお手入れは子どもにとっても大変魅力的です。お父さんが自分の髪の毛をセットしています。それを見ている子どもも、自分のクシを探してお父さんのマネをします。この時、くしの色、形、手触りと同様、くしの機能についても関連して理解しています。子どもは元々、おとなのマネをすることが大好きなのです。

言葉とイメージ

目でみて、耳で聞き、手でさわり、においをかぎ、自分をとりまく世界のパターンを認識し、自分から探索するようになることが、言葉とイメージを使いこなす土台になりますし、それらを使って問題を解決する能力が身についていきます。言葉とイメージの能力は、これまで説明してきた能力を上台にして成り立っています。

子どもが見聞きし、理解してきたことを、言葉でラベルし、言葉で表現できるように、親は手助けしています。人や動物やモノとの関係の中で経験を積みながら、子どもは、単語と単語のパターンをつなげて理解し、自分と自分以外のものとの区別をつけます。この能力は、からだ全体で他者と遊ぶことで、実際的・外的な世界と概念的・内的な世界とがどれだけ交流するかにかかっています。

たとえば、鬼ごっこに興じている子は、自分の全身を使いながら、相手との距離を測ります。手が届く距離はどれくらいかを感じ取ります。感覚と体験とを結びつけ、体験に添って言葉とイメージをつなげながら遊んでいます。しかし、騒がしくて視覚的にもゴチャゴチャした環境におかれ、わけがわからなくなってしまっている場合や、それとは逆に、十分な刺激が得られないためにぼんやりしてしまっている場合、言語は十分に発達しません。ですから、落ち着いたほどよいやり取りは、とっても大切なのです。

子どもを育む遊び

視空間処理、聴覚処理の能力をともに伸ばすには、見たり聞いたりしたことに言葉でラベルすることです。子どもといっしょに散歩しながら、見えるものや聞こえてくる音に、一つひとつ名前をラベルしていくのは、普段からできる遊びです。植物や動物のそれぞれ、鳥やその鳴き声、風景やお歌など、材料はたくさんあるでしょう。気が散りやすい子には、バス、電車、車を材料にして語ってもらい、どんな音で走るか、マネッコしてもらいます。スーパーマーケットは、多動で落ち着かない子にとって、大変敷居の高い場所ですが、こういったことを練習するのによい場所でもあります。言葉のヒントを十分に出して、かくれんぼゲームをすることもできます。「ぼくは玄関のクローゼットのなかだよ」「ソファの下から何か音がしたね」などです。

このように視空間処理能力と聴覚処理能力をトレーニングしていきながら、他方では周囲の世界がどのように成り立っているか、象徴的な言葉を使いながら子どもは理解していきます。空間座標の感覚を身につけ、座標感覚の表し方も学びます。そのためには、子どもといっしょになって遊びながら、言葉や描写を、数多く添えていきます。「うえ」「むこう」「した」がどういうものか、子どもはこころのなかでイメージが描けるようになり、文章での指示に従うことができるようになります。

より高度のパターンを認識する

モノ同士の空間的な関係性を理解することが、次のステップです。全体像で考える思考を育てるには、見たものを分類して、空間的な全体像を認識することが必要です。

子どもを育む遊び

さまざまな形や色のブロックや建物セットは、視空間的な理解を育てるのにうってつけです。ブロックを使って、競争しましょう。ブロックを使って、青いお星さまを作れるでしょうか？　三階建てのタワーはどう？　ブロックを工夫して“虹”を作ったり、いろんなブロックの山から、特定のブロックを見つける競争をしたりします。こういった遊びは、抽象的パターンの認識を伸ばします。おとなからの指示を聞き、順番に遊ぶ中で、聴覚的な処理能力が育っていきます。

理解しなくてはいけない大切な概念に、保存の概念があります。これは例えば、横に並んでいる三つのブロックと、塔のように積まれた三つのブロックは、同じ数だという概念です。保存の概念を学ぶには、実物で遊び、実際に体験することです。実際の大きさ、重さ、量、形などが、どんな風に変化するのか、実体験することです。前に述べたように、たとえば、粘土を使った実験に誘います。まず、全く同じ粘土を二つ用意します。一つをボールの形に丸め、もう一つを二つの小さなボールに分けます。それから子どもに質問します。「粘土が多いのはどっち？　おっきなボール？　ちいさな二つのボール？」子どもは、両方とも粘土の量が変わらないことを理解できているでしょうか。お気に入りのおやつも活用できます。クッキー生地などを、それぞれ違う形に練るのです。子どもは大きい方を取りたがるでしょう。ジュースを使っても、同じ実験をすることができます。長くて細いコップと、短くてずんぐりしたコップとに、同じ量のジュースを注いで、どっちが多いかクイズを出すのです。

こういう遊びを通して、多いか少ないかを見きわめるのには、見た目ではわからないこと、いろんな次元からアプローチしなくてはいけないことを、子どもは理解しはじめます。この保存の概念をしっかり理解するようになるには、長い時間がかかります。おしゃべりはできるけれども、視空間的な保存の概念をまだマスターできていない子には、こんな風に質問してみましょう。「おんなじ二つだったのに、こっちよりこっちが大きいの？　魔法使いみたいだねぇ！どうやったの？」子どもは、そう言えば、と不思議に思い、自分から実験するでしょう。液体を高くて細いコップ、または低くてずんぐりしたコップに注いでみたり、電車みたいに横並びになっていたブロックを、塔みたいに縦に積み上げてみたりするでしょう。

量の感覚や空間の感覚が身についてくると、普遍的な感覚が育ちます。たとえば、＜一対一対応＞と呼ばれる感覚です。＜三つ＞は、積み上げられた三つのブロックと等しい、という感覚です。そして、自分が目の当たりにしているものが、線なのか、円なのか、半円なのか、aとかbとかcとかの文字なのかを、そして、文字と発音とが一致すること、発音が合わさって言葉となることを理解し始めます。遊びながら、いろいろなものを手にとって実験してみることで、ADHDの子が不得手な、更に普遍性の高い学問的な活動の基礎が作られるのです。

比較の考えを伸ばす遊び

目や耳からの情報の理解力を伸ばすのには、もっと複雑なゲームで遊びましょう。Harry Wachsは、たくさんのゲームを開発しています。複数の視点で、いろんな姿勢をマネするゲームです（真正面から見た姿勢だけではなく、鏡に映したように左右が反対、または上下を反対にした姿勢をマネします。お互いにテーブルをはさんで座って行います）。子どもは姿勢の方向をとらえて、目で見たことを翻訳しなおさなくてはなりません。ただ見たままをマネッコするのではなく、別の視点から姿勢を捉えるのです。ほかには、お家の正面を見せてから、お家の後ろはどうなっているかな、横はどうかなと描いてもらいます。子どもに自分で家をデザインしてもらうのもよいでしょう。自分でデザインした家を、いろんな視点から捉えなおさなくてはなりません。こういうゲームは言語領域のみならず、空間的な領域でも比較の考えを伸ばします。

グレーゾーンの考えと呼ばれる思考は粘土を使った遊びなどで育まれていきます。最初は簡単に、小さいのから大きいのまでいろんな大きさの粘土のボールを並べます。そこから、一つの粘土をヒモの形に、一つはボール、一つは正方形と、いろんな形にします。形の違いに惑わされないで、どの粘土が一番少ないのか、それよりちょっと多いのはどれか、一番多いのはどれかを覚えていなくてはいけません。子どもは遊びながら視覚像をつなぎ、他との関連性の中で捉えなおしています。これはピアジェの言う“連続課題(seriation task)”です。これは後に図や数学的な因果関係の理解につながります。

注意に問題を抱える子が持続して取り組む際に大切なのは、いわゆる“足し算”“引き算”“掛け算”“割り算”といった、教科書の中のお勉強から始めるのではなく、お菓子、ミニカー、ブロック、コインなど、子ども本人が大好きな実物を使うことです。足し算引き算、掛け算割り算を、子ども自身のお宝を通して実体験させましょう。その実体験に、算数の言葉をラベリングし、より要領のよいやり方を教えるのです。数をどのように扱えばよいのか、子どもにお手本を示すことができます。後に述べますが、そこには何よりも子ども自身の感情が伴っていなくてはなりません。たとえば、いろんなサイズのブラウニーやミニカーから一つ選ぶとき、子どもは目を輝かせていちばん大きなのを取ろうとするでしょう。

言葉や絵を使って象徴的に考える

より高度な発達段階へと進むにつれて、子どもはより象徴的な表現を身につけていきます。言葉で自分の考えを表現できるようになり、さらに、上や下などの空間座標の言葉が身につくと、視覚的なイメージを描きながら事にあたれるようになり、動きのコントロール力も改善していきます。人の様子や人間関係、出来事の進み方を、具体的にイメージできるようになります。ダンスや劇を通して、気持ちを動作で表現することもできるでしょう。いろんな形態で表現することは、言葉だけでの表現よりも、強く子どもをひきつけます。

言葉や文章を使い始める時期、Lindamood-bell Learning Processの創始者であるPat Lindamoodは、子どもにからだを使って文字を表現させています。たとえば、からだを使ってＣの形を作ったり、床をＣの形に歩いたりするのです。すると、子どもはだんだん言葉を象徴的に表現するようになります。たとえば、イヌに関して言えば、イヌという文字の形をなぞって歩いたり踊ったりする。イヌという文字を描く。イヌの絵を描く。イヌのマネをしてあちこち歩き回り、吠える。レゴブロックや積み木を使って、イヌを作るなどです。こうして自分の世界を象徴化していきますが、その際目や耳からの情報を言葉にするだけでなく、持てるスキルと感覚のすべてを駆使して表現することがのぞまれます。シンボルや概念の持つ意味が深まりますし、子どもは自分の感覚と外界とをより統合できるようになるでしょう。

ふり返って考える

目や耳からの情報を理解する際、われわれはその情報を、ふり返って考え、自分や他人の基準に照らし合わせて判断しています。たとえば、太鼓を叩いている子は、自分のリズムに気をつけながら叩いています。お家を描いている子は、自分の絵を、有名な建築家の家と見比べて、自己評価することができるでしょう。高層ビルとかロケットを描いている子は、これがどういう機能を持つか想像しながら描いています。子どもをいろんな遊びに誘う際、子どもの論理につじつまがあっているかどうか、筋が通っているかどうかを確かめるようにしてください。そして、自分の遊びの様子を自分でながめ、工夫できるようにうながすのです。こういう風に、ふり返って考える力により、目を向けるべきところに集中し、大事なポイントを見失わないでいられるようになります。ふり返って考える力は、ADHDの症状を持つ子にとって、特に重要な力です。

子どもが自分で選んだ遊びに夢中になっているときは、とことん集中し、熟達したスキルで遊んでいると思います。自分のしている作業をふり返り自己評価することで、子どもの本来の想像力は広がっていきます。たとえば、サッカーやダンスの練習をしているとき、エンジンを修理しているとき、絵を描いているときなど、思い描くこととふり返って考えることは、どんなときでも必要です。

視覚情報・聴覚情報の処理能力は、ADDやADHDの子への援助の際、キーポイントになります。なぜなら子どもたちは、周囲の動きや学校での学習に、うまくついていけない苦労を抱えているからです。目や耳からの情報を処理するスキルを育てる際のポイントを一言で言うと、自分から身を乗り出すようにして外界に興味を向けること、目で見たこと、耳で聞いたことに意識を向けるようにすることです。次に、その情報をほかの感覚と統合しなくてはなりません。空間の座標軸の感覚を身につけ、耳で捉える言葉の文脈と目で捉える空間的な理解とが、論理的に結びつくようにしなくてはなりません。五感を通してたくさん遊び体験を重ねることが、保存の概念をはじめとした象徴的思考の土台を作ります。この象徴的思考の芽は、数学や科学、読解力に発展していきます。目や耳を通した体験をふり返って考えられるようになれば、集中力が持続しますし、落ち着かなくなる自分を自覚できるようになります。さらには、自分で設定した目標や夢に向かって歩めるようになります。

第 8 章

自己肯定感を確かなものにする

不注意や多動のある子との関わりでは、自分自身にポジティブな感情を持ってもらうことが、最大の難関の一つです。苦手なことがたくさんあるとか、注意の幅が制限されているとかの前に、子どもたちは自己肯定感の低さに苦しみます。自分自身にネガティブな感情を抱いてしまうのです。

マークの事例をあげましょう。彼は8歳の少年です。私とのお話で、彼はこう語りました。「僕の脳みそは、働いていないんだ」。私が『どういう意味なの』と尋ねると、「うん……学校の先生が説明してるときも窓の方をみちゃうし、からだが動いちゃって立ってあちこち歩いちゃうし、友達ともおしゃべりしちゃうし」と言います。私が『へえ、からだが動くってどういうこと？』と尋ねると、「勝手に動いちゃうんだ。脳みそが働いていないみたい」と答えます。『どんな風に感じるの』と聞くと、彼はひと言「さいあく」とつぶやきました。『最悪って？』「うん……」「ぼくの脳みそはさいあく。ほんとにさいあく」彼はかすかに、苦笑いをしました。なぜ笑っているのか聞いてみても、彼は黙ったままでした。私の言葉を無視して、こう続けました。「うまくいかないことばかりなんだ。僕を笑う子もいる。お友達にだって、ときどき笑われる」。どんな気分になるのと尋ねると「さいあくの気分になる」との答えです。私は彼の気持ちに寄り添いながら、でもいろんな事のせいで、気分が最悪になってしまうことを確認しました。彼は再び苦笑いをしてうなずきます。『気分がちょっとでも晴れることはあるのかな？』と尋ねると、彼は考えに考えてから、こう言いました。「えっとね、音楽は好き、それと、お母さんとお父さんが、こないだの誕生日に、しかけのある魔法の箱をプレゼントしてくれて、それで遊ぶのも好き。しかけが動くのがおもしろい。みんなをおどろかせる」『おどろかしたときって、みんなどんな感じ？』「びっくりして固まってる！」。私が『おどろかすのって、面白いよねぇ？』と言うと、彼は大きく口をあけて、にかっと笑いました。

私とのおしゃべりや、ご両親とのやりとりを観察する中でわかったのは、マークは周りから見守られている環境だと注意集中できる、ということでした。つまり、私やご両親との間では、温かい人間関係が築けており、物事の説明もできますし、かしこいやり方で、問題を解決することもできます。いろんな考えをひらめかせることもできます。時々、お話を作って語ることもできます。面接の別の場面で、マークは実際に話してくれました。何か失敗したとき、どうしてそんなことをしたのか、その経緯について、ストーリーを作って話すのです。たとえばある時、マークは隣の子を小突いてしまい、先生にどうしてそんなことをしたのか聞かれました。「『あいつ、僕のことを笑ったんです。僕がおもらししたって言ったんです』って、うそのお話をしたの」。その後、マークがうつむいてしまったので、『どうしてうつむいちゃうの？』と尋ねると、「うん……先生におこられないように、お話しをつくっちゃったんだ」とのこと。『マーク、想像力があるねぇ！　すぐお話しをつくれるんだねぇ！』と誉めると、マークはにっこりしました。彼に想像力があるのは明らかです。そして、自分を守るために、その想像力が活かされていました。

マークは論理的で、“なぜ”という問いにも答えることができます。そして、“比較の思考”と呼ばれる考え方も、少しできていました。マークとの面接で、『クラスの他の子で、君と同じような子はいるの？』と尋ねてみました。すると、「う～んと、いっつも失敗してる男の子がいて、さいあくの脳みそなの」。『おやおや、いちばん最悪なのは誰なんだろう？』と聞くと「ぼくがいちばんさいあくだと思う」とのことでした。どうしてと尋ねると、「ぼくの方がさいあくな事をしちゃうから。ぼくの方がもっと失敗してるから」との答えでした。最悪な感じはどれくらいなの、と聞くと、彼は両手を使って、めちゃくちゃさいあくなのがどれくらいかを、教えてくれました。このことは同時に、マークがグレーゾーンの思考ができていることを、物語っています。

“さいあくな気分”以外の気持ちについても尋ねました。たとえば、“さいあくな気分”とあわせて他に何か感じないのか、幸せとか悲しいとか腹が立つとかはないの、と聞きましたが、彼は、悲しい気分をほんのちょっと話すだけで、腹が立つとか、困っちゃったとか、恥ずかしいとかの気持ちは、ほとんど語りませんでした。“さいあくな気分”以外の感情をもう少しで話しそうだったので『悲しくないの？　腹が立たないの？』とこちらから取り上げたりしたのですが、マークは話題を変えてしまい、次の誕生日に欲しい物など、別の話にしてしまうのです。「そうだ、新しいゲームのことって、話したっけ？」。マークは、さいあくな気分以外の感情はほとんど語りませんが、自己肯定感の低さからこういう語りになっていることは、明らかでした。

マークの特性

マークの対人関係のあり方や、思考のスキル、感覚処理の特性を観察しました。マークは特定の感覚に過敏です。騒音やいろんな触感が強烈な刺激に感じられるのです。その一方で、感覚刺激も求めます。動くことや手で触ることを好み、刺激のある場所に飛び込んでいきます。強烈に感じたくて感覚を追い求めるのです。

マークは言語発達は十分でお話も上手なのですが、一度に五つの指示を覚えておくことはなかなかできません。彼との面接で、私は簡単なゲームをしました。オモチャを取って、タンスに入れて、そのタンスに入ってる別のオモチャを取って、僕のところに持ってきて、それからお父さんのところにも持っていってあげて、と指示を出したのですが、マークはこの一連の指示を覚えておくことができませんでした。マークは活動的だし、運動はそれなりにできると、お友達からも思われているのですが、障害物コースで次々と関門を乗り越えることはできません。お絵かきは好きなのですが、微細運動（指先を使った細かい運動）は少し苦手です。手品は好きですが、文字を書いたり形を描いたりするのは難しいのでした。

バランス能力、たとえば平均台の上を歩くといった能力は、全く悪いというわけではありませんが、年齢相応というより、やや低いものでした。比較的得意なものもありましたが、望ましいレベルまで到るには、いまひとつなのです。

全体像で考えることに関して、マークは一つか二つの部分に注目しすぎてしまう傾向がみられました。例えば、部屋の中から探してと指示を出すと、部屋全体を考慮してありそうなところから見当を立て順番に探すのではなく、一部分に目がいきがちなのです。このように、十分に力を発揮できない領域がマークにはたくさんありました。

家族内のダイナミクス

家族内の関係に、無視できない問題があることも、ご両親との話し合いの中で明らかになりました。お父さんはマークをきつく責め、マークは悪さをしている、しかもわざとやっていると思い込んでいました。そして、マークに厳しい態度を取るのです。別の所に引っ張っていって、叱り付けたり罰を与えたりするばかりで、マークと相互的にやりとりすることが、ほとんどありません。怒って手が出ることこそないのですが、お父さんの声は乱暴で、たいへんネガティブな態度で、マークに接するのでした。

お母さんはすぐにおろおろしてしまうのでした。お母さんは、世話好きな人ですが、心配性で、マークがトラブルを起こすたびに不安になり、担任の先生から呼び出されると、ドキドキしてしまうのです。マークはあまり勉強をしません。成績は“良”にときどき“可”が混じるくらいのレベルで、宿題を忘れることもしばしばです。マークには三人兄弟がいて、マークが一番上です。お母さんは、ご自身で言われるように、どうしたらいいかがわかりません。お母さんは、お父さんが非協力的だといってお父さんに当たります。お父さんがうるさく言い過ぎると思い、マークが抑うつ的になることや、この先、無気力な青年になってドラッグやアルコールに走るのではないかと心配しておられました。

こういったご家族のパターンは、マークがまだ小さい頃からはっきりしていました。赤ちゃんだったころから、マークはたいへん活動的で、容易にカンシャクを起こし、感覚刺激を追い求める子でした。注意力の改善を狙ったプログラムを進める一方で、マークが自分自身に対してもっとよい目を向けられるようにすることも、われわれの仕事となりました。

まず、われわれが計画したプログラムにご両親にも参加してもらい、マークの自己肯定感をうながしてもらうことから始めました。お父さんとの面接では、マークに対して叱責的になり、怒ってしまうのはなぜなのかを話し合いました。話し合いの末に、以下のことが明らかになりました。お父さんには、たいへん衝動的なお兄さんがいて、からだが大きくなってから、お父さんはたびたびお兄さんからぶたれていたのです。お父さんは、自分の両親が自分のことをけっして守ってくれないとも感じていました。マークも今後手がつけられなくなって、お兄さんのような“モンスター”になってしまうことを、心底不安に思っておられたのでした。

お父さんが、こころの内にあるマークとお兄さんとの結びつきに気づかれてから、私はお父さんとマークに、お父さんが仕事から帰宅されたときに“じっくり付き合う時間”や、われわれがフロアタイムと呼んでいる時間をとるようにおすすめしました。週末のお休みの日はたくさん時間がとれるので、休日用の特別プロジェクトを行いました。お父さんはマークのお気に入りの手品に付き合いました。私はマークの興味に従っていっしょに遊ぶことを、お父さんにすすめました。もちろん、どうしても危ないときなど必要に応じて制限は設けながらも、まずはマークとの間に信頼関係を結ぶことが狙いでした。お父さんは、マークへの心配だけでなく、自分の兄とマークとの結びつきからマークへの怒りが加速していることに気づかれていました。この認識がお父さんから肩の力を抜きました。お父さんはわが子であるマークとの時間を楽しむことができました。

お父さんがサポーティブになってくると、お母さんも落ち着かれ、不安は減少しました。私はさらに、週に一度は仕事を忘れ、夫婦水入らずで外出するようにおすすめし、夫婦関係は再び親密なものとなりました。お母さんが子育てに専念できるよう、午後の家事はだれかに手伝ってもらうようにしました。高校生の家庭教師を雇って、マーク用の遊びのプログラムを手伝ってもらいました。お母さんはマークの行く末を心配しておられたので、心配を文字に書き出して、客観的に考えるお手伝いをしました。面接の中でお母さんは、ご自身のお父さんについて語られました。お母さんのお父さんにはアルコール依存の時期があり、法に触れるようなトラブルもあったそうです。お母さんは、お父さんの“悪い遺伝子”がマークに受け継がれていることを過度に心配されていたのでした。こういった話し合いを通して、お母さんの気持ちは徐々に落ち着いていきました。いろんなサポートを提供すること、家族への洞察をほんの少し深めること、一日の過ごし方の予定をいっしょに考えること、午後のプログラムを実行するため高校生を雇うこと、これらすべてが、お母さんの不安を軽くしていきました。

マークの療育プログラム

　マークに話を戻しましょう。われわれは段階ごとに区切りながらちょっと大胆な療育プログラムを立てました。マークの抱える注意の問題は薬に頼らず乗りこえられるかどうか見立てを立てたかったのです。もちろん、薬は必要な時にいつでも使えます。でもまずは投薬より必要な発達領域に注意を向けること、マークに自分の強みへの確信を持ってもらうことを狙いました。

動きをつなぐこと

前に述べたように、マークは複雑な指示に従って実行することがうまくできません。ご両親と作業療法士の協力の下、まず、言葉での二つの指示からなる、宝探しゲームを設定しました。宝探しはさらに、三つの指示、四つの指示と、難しくなっていきます。視覚的な指示として宝を探す順番と地図を与え、視空間的思考に基づいても宝を探せるようにしました。この遊びでは、75％から80％の確率でお宝がみつかるように難易度を設定したので、マークはわからなくてパニックになることはありませんでした。難易度は少しずつあげていきます。二つ三つの指示だと難なく見つけられるので、75％から80％の割合で成功するようにしながら、四つ目や五つ目の指示を加えていきました。最終的には、インディジョーンズみたいな複雑なコースを乗り越えていかなくてはならなくなり、動きの組み立て力が要求されました。たとえば、堀に見立てた障害物の向こうのお宝にたどりつくには、イスを三つ使うか、それぐらいの高さの台を使うかしないといけません。マークへのご褒美に、新しくてあまり値の張らない手品用品をたくさん用意しておきましたので、ゲームへのモチベーションはとても高まりました。

計画を立てる

マークは絵を描くのも好きです。そこで、宿題を終わらせて提出するまでの流れを、文字ではなく実際に描いてもらいました。その日の午後や次の日のスケジュールを絵にしてもらったのです。家庭教師の先生やお母さんにも、放課後にマークを手伝ってもらうようにお願いしました。マークは予定表を作り、自由時間、夕食前の勉強、夕食後の勉強、次の日の予定などをわかるようにして、個々の予定を自分でチェックしました。チェックをつけるとき、小さく絵を加えるか文字を書き加えるかは、マークに選んでもらいました。大きな黒板を使って描き、一日の終わりに予定していたことが全部終わったかチェックするときには、黒板消しを使って消し、さらにまた次の日の予定を書き加えます。お父さんお母さんは、マークが予定していたことを終えていないことや、予定していた時間にできていないことが気になった時は、小言を言う代わりに「いっしょに黒板を見よう」「あらぁ、マーク！　今日はたくさんチェックマークがあるわねぇ。お仕事は他にある？」とだけ声をかけるようにしました。この黒板のおかげで、マークも楽しみながら予定を消化していました。

バランス感覚、協調感覚

前にも述べたように、マークのバランス感覚の問題にも、われわれは注目しました。ただマークは、物を投げる、キャッチする、スキップをする、飛び跳ねてジャンプする、こういった運動は十分できているのです。そこで、ときどきマークの家にやってくる家庭教師のお兄さんといっしょに楽しめる、バランス遊びを作ってみました。お兄さんだけでなくお友達といっしょに楽しむこともありました。マークは実際のところ、お友達からの人気はある方なのです。ときどき他の子にからかわれることがありながらも、たくさんの友達がいました。優秀な運動選手の高校生のお兄さんは、バランスクッションやバランス台を使ってマークやマークの友達といっしょに遊んでくれました。指示を出す人は持ち回りで交代します。マークはバランスクッションやバランス台の上に乗るのは難なくこなすことができますので、もっと難しいバランス遊びにチャレンジしました。たとえば、バランスクッションやバランス台の上に立ちながらキャッチボールをする、キャッチボールをしながらおしゃべりをする、バランスを取りながら片手でキャッチボールをする、さらにおしゃべりを加え、ときにはジョークを交える、といったバリエーションです。これはマークにとっては難関でしたが、最後にはバランスクッションやバランス台に立ちながら手品ができるまでになりました。これらのゲームを、マークは十二分に楽しむことができ、バランス感覚や協調感覚も改善していきました。

マークのプログラムには、走る、ジャンプする、跳ねる、スキップする、投げる、キャッチする等、マークがかなりできている領域の運動もたくさん含まれていましたが、これはマークに自分の能力を再確認してもらうのと、能力のさらなる補強が目的でした。協調運動の基本能力は身についていましたし、筋力も十分ありましたので、最初の方で紹介したような、基本的なエクササイズにまでさかのぼる必要はありませんでした。

さじ加減ゲーム

いろんな“さじ加減ゲーム”も行いました。動きを、速いのから、ゆっくりに、さらにもっともっとゆっくりへと、調節するのです。たとえば、思いっきり太鼓を叩くのから、柔らかく、なでるような叩き方へと、力加減を調節します。またマークには、いろんな環境を体感してもらいました。まず、音や動き、触感の刺激をほんの少しだけ増やす。次に、友達の遊びの輪に入ってからだごとぶつかりあう。反応しすぎず、パニックにならず、自分の気持ちの調節のし方を学べるように、少しずつ刺激を増やしていきました。このさじ加減ゲームは感覚刺激を求める傾向を抑えることが目的でした。つまり衝動的になり、一瞬にして頭に血が上ることを減らすのが狙いでした。マークは、ゆっくりした動きを楽しむようになりました。数ヵ月後に成果が表れました。遊びと並行して、どう感じているかときどきマークに質問しました。マークは以前よりも増して、自分の感じを内省できるようになっていました。

“明日はどんなかな”ゲーム

“じっくり付き合う時間”では、まず家庭教師の先生とご両親が、いまマークの頭の中には、どんなことが浮かんでいるかを聞いてみることにしました。それに加えて“明日はどんなかなゲーム”も行いました。マークにとって大変なこと、なんてことのないこと、楽しかったこと、または面白くなかったことを、想像してもらうのです。自分の感じたことを話題にすることが、マークはなかなかできません。こんな風に感じたときにいつもどうしているか、ほかの人はどう感じるか、ほかにどんなことができるのだろうかと、マークに尋ねました。マークは連想を働かせて、自分で解決策を考え出さなくてはなりません。また、マークが感じにくい感情、つまり腹が立つとか、くやしいとかの感情を掘り下げました。「うん、ただ悲しいとか、うれしいとかじゃ、しっくりこないときにさ、ほかにどんな気持ちがする？」と、もう少し細やかに自分の感情が描写できるように質問します。または「ちょっとだけイライラするときってない？ほんの、ほんのチョッピリだよ？」ときいてみます。するとマークも少しずつゆっくりといろんな気持ちを認識し始めました。腹立たしい気持ちからイライラする気持ち、時には、なかなか意識に上らなかったこわいという気持ちも認識することができました。ご両親や家庭教師のお兄さんと話す中で、マークは自分の感情の幅を広げ、自分の気持ちをふり返ってとらえる能力を伸ばしていきました。

治療プログラムが進むと、自分自身や“さいあくの脳みそ”について、今までとは違った風にとらえるようになりました。脳みそがよく働いていると感じられるような、本当に得意としていることに光を当てていったことが、おそらくよかったのでしょう。マークの手品の腕は確かであり、種々の発達領域が前進するにつれ、その手品の腕も深まっていきました。手順をつなげられるようになり、段取りを滑らかに運べるようになると、もっと複雑な手品ができるようになりました。指先の器用さが要求される、カード手品を披露することで、楽しみながら微細運動を伸ばしました。ご両親は、マークを手品教室に通わせ、手品の好きなほかの子と出会うことができました。マークの手品は、彼にとっての“十八番”となり、教室のなかでみんなに披露できるまでになりました。

マークと時間をかけて話し合い、イライラがつのって教室をうろうろ歩き回り、となりの子にちょっかいを出したり、小突いたりしてしまう、ちょうどその直前のからだの感じはどんなかを見きわめていきました。マークの「脳みそがそうさせる」「脳みそはさいあく」といった表現が、からだで感じていることの表現へと変わっていきました。これらの感覚をふり返ることで自分で自分の舵取りができている感覚が増しました。話し合いで、マークの自己認識は深まっていきました。たとえば、手品を使って人を驚かせ“固まらせる”時の楽しさや、セッションの最初で見せたかすかな苦笑いの理由が明らかになりました。治療プログラムも８ヵ月が過ぎると、自分の感じをより上手に描写できるようになりました。手品を使ってほかの人の脳みその働きをとめることが面白いと、自分で悟るにいたりました。

プログラムがさらに進むと、マークは自分のからだの感じを自然で普通のこととして、感じられるようになりました。難しい課題にプレッシャーを感じるのではなく、うまくやれることは何かを見きわめられるようになりました。たとえば、数学は、マークは集中して取り組むことができます。文字を読んで理解するのはちょっと苦手でしたが、マークは何度も挑戦することを覚えました。地道な積み重ねを続けることで、マークは上手にできることとそうでないことを自分で見きわめるようになり、お母さんの得意不得意お父さんの得意不得意も同様に理解するようになりました。マークはほかの人と同じように、「僕の脳には得意なこともあるし、そうでないこともある」と理解するようになりました。

マークは徐々に、自分に対してよい感情を抱き始めました。そしてそれは、もっと頑張らないとうまくいかない課題の時にも持続するようになりました。高校生のお兄さんと、バランスを取ったり、ボールを投げたりキャッチしたり、蹴ったりするプログラムを進めるのに並行して、マークは近所のサッカーチームで頭角をあらわしていきました。さらにマークは少年野球のチームにも入部しました。学校でも優秀な生徒となりました。こういった現実的な成果が、自分に対する感情をさらに肯定的なものへと変えていきました。お父さんがさらにサポーティブに関わってくれるようになったこと、黒板をつかって予定を立てることもまた、大きな助けとなりました。プログラムを開始して一年がたったある日、マークは私にこう言ってくれました。「ぼくの脳みそ、よく働くようになったよね。いろんなことができるようになったよね」。そして、ご家族全体のあり方もよい方向に変わりました。マークに対してポジティブな気持ちを抱くようになり、ご両親で週末の特別プログラムを楽しまれ、お母さんの不安は減少しました。マークはもはや、先生からも自分からも自分の家族からも、ADHDの子とは見なされなくなりました。マークは落ち着き、集中し、注意するようになったのです。そしてこれが大切なのですが、自分自身の持っている力を認識し、肯定的な視線で自分を見つめられるようになりました。

自己肯定感を回復するための一般原則

1. **不注意の問題が何から来ているか、原因を理解し、整理する**

   衝動性や多動性といった見かけの症状を追いかけても、益は少ないでしょう。それよりも、注意力の土台となっているスキルを伸ばします。たとえば、運動スキル、さじ加減するスキル、そして自分への気づきです。こういった基本能力が伸びると、自分で自分の舵取りができているという感覚が増し、自分の問題に合わせて子どもも工夫するようになるでしょう。

2. 家族内の関係を調整する

子どもの自己肯定感は、家族のあり方しだいで低くもなれば高くもなります。子どもにやきもきしている親は過干渉になるでしょうし、不安にかられて制限を強める親もいるでしょう。もちろん、ごほうびや褒めることに並んで、ほどよく適切な制限や構造化をサポーティブな環境で設けることは大切です。親が不安にのみこまれそうなときは、子どもを治療プログラムに乗せる前に、まず親のこころの負担をやわらげる方法を探すのが先決です。そしてそれには、現実的かつ実際的な方法であることが不可欠です。たとえば、子どもの世話や家事を分担するヘルパーや高校生、大学生のアルバイトをやとって子どもと関わってもらうなどの手立てです。お家の中が混乱していて緊張が高すぎる場合、本来必要な安全で落ち着いた雰囲気を子どもに伝えるのは難しくなります（次の章でさらに詳しく述べます）。

3. その子の持つ生来の資質に目を配る

この点も2に続いて、欠かすことはできません。つまり、自己肯定感を真に回復できるような、強みや得意技を見つけることです。たとえば、芸術活動が強みになる子もいるでしょう。冗談やお話が得意な子もいるでしょう。子どもの資質はさまざまです。チェスをすること。動物と関わること。山登り、音楽、バードウオッチング、ダンス。既存のスポーツや学校生活の枠内で花開かないとしても、子どもは皆それぞれに、その子にしかできない何かを持っています。大切なのは、子どもがこころから楽しんでいることに、おとながこころを開き、発見していくことです。上手くやるよう子どもを持ち上げたり、周りから賞賛を得るための活動に誘ったりして、偽りの自己肯定感を植えつけないようにすることもこころに留めておきたい点です。そんな風に誘ったとしても、決してうまくいかないでしょう。子ども自身が選び、それをしていると楽しくてしょうがないという何かが大切なのです。真なる自己肯定感はこういう活動からのみ得られるのです。

4. 自己への気づきを育てる

子どもが、自らの強みと弱みを、自分で少しずつ認識していくようにしましょう。強みと弱みの自己認識が育てば、望ましくない振る舞いをしてしまったときについてまわる、誰も助けてくれないんだ、自分が悪いんだという感情にとらわれずに、適切な自己イメージを描けるようになります。怒りや戸惑いの感情を自分の自然な感情と理解することや、ネガティブな感情が沸き起こりそうな状況に前もって心積もりをすることによって、子どもは自分に対して確かな自信を持つ事ができます。

第９章

家族のパターンに目を向ける

ADHDやADDの子どもの親が、からだもこころも常に多動でとまらないわが子を扱いにくいと思ってしまうのは、実に無理のないことです。注意に問題のある子どもの育児は、大変にこころをいらだたせます。しかし、落ち着いていてサポーティブな雰囲気を作るために、親ができることはたくさんあります。そうすれば子どもとの関係は安定し、子どもも集中できるようになるでしょう。

子どもがスーパーマーケットで走り回り、棚の陳列品に次々と手を出し、おとなの手をすりぬけてあちこち走り回り、周囲の人に冷ややかな目で見られると、親は不安を覚え、怒りを感じ、はては困惑してしまいます。この三つの気持ちに、同時に襲われることもあるでしょう。困らせるようなことをする子に、恥ずかしい思いをしたり、憤慨したりします。腹の底から突き上げるような、激しい怒りを覚える親が大半でしょう。

火に油をそそいでしまう

もっとも共通する親の反応は、子どもを止めようとして親が怒鳴りつけることです。しかし怒鳴りつけても、手がつけられなくなってあちこち走り回り、興奮しきっている子の様子は、変わらないでしょう。その子は、騒がしくてごちゃごちゃした環境に、すでに混乱させられた後だからです。感覚刺激を欲しがるタイプの子は、あちこち走り回り、何でもかんでも触りまくります。スーパーマーケット、レストラン、オモチャ屋には魅惑的な感覚刺激があふれているからです。すべり台の順番待ちの一番目に割り込もうとして、ほかの子を押してしまうこともあります。こういうことが頻繁に起こると、親は“手がつけられない”わが子に、がっくりと肩を落としてしまうでしょう。そして、子どもが起こしている騒動に親の叱責と怒りが足されることになります。子どもを叱り付けた後、親は深い自責感を抱き、“この子にはどうして、行儀というものを教えられないんだろうか”と悩みます。親としては、子どもに自制するよう一生懸命に教え込もうとしてきたのです。しかし子どもの生物学的資質により、それは想像を絶するほど難しい試みなのです。

十分な見通しがないまま、湧き上がる感情をそのまま子どもにぶつけてしまうことや、子どもの衝動的な行動に親がそのまま衝動的に返してしまうことがあります。しかしこれでは、騒然とした状況を、エスカレートさせてしまうだけです。これは、子どもの行動に制限を設けてはいけないとか、ほかの子を押したり、スーパーマーケットではしゃぎまわったりしたら、どういう結果をまねくのかを教えてはいけないとかいう意味ではありません。そうすべき場合はもちろんあるのです。しかし常に子どもを落ち着せ、冷静さを取り戻すことから始めなくてはいけません。そのためには、大騒ぎ、大暴れ、カンシャクを呼び起こしてしまう場所から子どもを遠ざけることが必要です。具体的には、スーパーマーケットの外に出して、車のなかのようなより静かな環境につれていきます。家庭では子どもを落ち着かせる遊びをします。たとえば、音楽にあわせてリズムをとったり、背中や腕、お腹を、ちょっとだけ力をこめて触り、ぎゅっと圧をかけるなどです。または、速い動きからだんだんとペースを落とし、抜き足差し足のゆっくりの動きにしていくことで行動のボリュームを調節するといった静かな遊びをします。こういう工夫が落ちついている状態へと子どもを引き戻します。

すっかり落ち着いてしまったら、子どもに話しかけます。言葉の発達が十分な子なら、何が起こったのかを話し合います。何らかの障害で言葉が十分でない子には、何が起こったのか、こちらが察しなくてはなりません。または、絵を見せたり選択肢を見せたりして、自分の感じたことを子どもが表現できるようにします。いったい何が起こったのか、子どもの助けを借りながら理解しようと努めてください。また、子どもが越えてはならない一線を越えてしまったとき、たとえば、金切り声や叫び声をあげるだけでなく、ひっぱたいたり突き飛ばしたりしてしまったときは、その結果どうなるかを子どもに教える必要があります。たとえば、タイムアウト法（違う場所につれていくこと）や、その子のお気に入りの遊びを制限します。上に挙げたような工夫を続けると、子どもは刺激を受けすぎてコントロールが利かなくなるのを自分で感じられるようになり、おとなの手を引っ張って、その場から離れることができるようになります。少しずつ自分で主体的に行動できるようになるわけです。数ヵ月から数年かかることもありますが、この主体性は、重要かつ貴重な目標です。我を忘れたかのように動き回る子には、反対に、静かな口調や仕草でかかわること、そして、再び行動を落ち着かせ、注意集中を取り戻すようにすることが基本原則です。

白か黒か両極端に考えてしまう

次に共通する反応は、両極端な考えにしばられてしまうことです。これは親ならみな経験していることでしょう（私にも三人の子がいますが、その育児の経験からも言えます）。親は子どもに不満を抱き、こころの内でレッテル貼りをしてしまいますが、これは意識にのぼらず言葉にもならないこともあります。大声で叫び出したいところなのにそうもいかないとき、親はこころの内で「ジョニーはわざと悪さをしている」「この子はADHDだから、どうしようもない」と考えます。親はこのようなこころの内の枠に縛られているのです。この縛りが、共感の幅をせばめ、理解を阻み、感覚の過敏さ鈍感さや感覚処理の不器用など行動の背景をさぐることをさまたげます。こころの縛りがあると、子どもがよい状態なのはどんなときか、どんなことに強みがあるのかに、目が向かなくなってしまうのです。たとえば、ある種の状況下になるとほかの場所のときよりも落ち着かなくなるのに出会います。家にいるときは天使のようなのに、にぎやかな幼稚園保育園に行くと、めちゃくちゃなヤンチャ者になって、多くの騒動を引き起こしてしまうこともあります。親は自己防衛から、この子がすべて悪いと考えるか、もしくは子どもの振るまいすべてをごまかして、子ども自身にはなんの責任もないと考えてしまいます。「これがこの子なんだ、この先ずっとこうなんだ。生まれつきだし、この子のありのままを受け入れてあげなくては」。

非合理的な考えにとらわれてしまう

自己防衛としての三つ目の反応は、非合理的な考えに飲み込まれてしまうというもので、さきほどの両極端の思考と密接に関連しています。つまり、子どもの振る舞いに理屈をつけて、親としての責任感から逃がしてくれるような理論にすがるのです。たとえば、飲み物や食べ物の添加物の影響について扱ったテレビ番組や雑誌記事を見たことがあるとします。親はこの情報が頭から離れず、この降って湧いたような情報を原因としてしまい、子どもの行動に影響を与えるというエビデンスはまったくないにもかかわらず、これに固執してしまいます。無理のないことなのですが、親は単純な理論にとらわれて、治療法を探し回り、複雑な要因に目が向かないようになってしまいます。子どもが場に応じた行動をし、集中し、気持ちを落ち着けるようにする、または、家族内のダイナミクスを改善するように努力するのではなくて、食べ物の添加物や、学校の環境、はてはテレビの影響など、単純な原因にばかり吸い寄せられてしまうのです。

家族への不平不満

さらに加えて共通する反応が、家族内でほかの人を“犯人”としてみてしまう反応です。誰がこの子の面倒をみるの？　お父さん？お母さん？　おばあちゃん？　子どもが問題を示すとき、家族がお互いに不満を抱くのは非常に起こりやすいことです。家族内の緊張感と確執に拍車をかけてしまい、はては口論やけんかになってしまうこともあります。

両親で手を取り合って子どもの問題に取り組むことは、たいへん難しいことです。よく耳にする不満は、片方の親がもう片方の親に対し、「あの人は、問題を抱える子にばかりかまけて、ほかの兄弟や私たちの方に目を向けてくれない」というものです。この思いは、表面化しないことも往々にしてありますが、家族間の潜在的な緊張感として作用し、配偶者へのさらなる非難や批判を呼びます。お父さん方は、奥さんがこちらにふり向いてくれない、愛してくれないともらしますが、このことを当の奥さんと話し合ったことがないのです。その代わりに、奥さんに、母親としてなっていないじゃないかと批評するのです。これは不幸なことです。なぜなら、お母さんも懸命にがんばっておられるし、お母さんにこそサポートが必要だからです。お母さんたちも、ご主人から感謝のひと言もなく、小言ばかりで、肩の荷が重くなるばかりだわともらします。お母さんはお父さんを“ダメな父親”と思い、父親としての仕事を十分にしてくれないとなげきます。もうちょっと稼いでくれたら……もうちょっと家で子どもと遊んでくれたら……もっとうまいこと遊んでくれないかしら……。お互いから難癖をつけられ、小言を言われ、愛されていないと感じ、夫婦間の仲は冷えたものとなってしまうのです。そして、この問題を正面から扱おうとするご両親はおらず、お互いになすり付けあっているのです。

同じ葛藤が世代間でも起こります。たとえば、おじいちゃんおばあちゃんと両親との間です。言うことをきかない子の親は、自分自身の親から子育ての仕方が問題だといわれます。父子家庭や母子家庭の親はさらに孤独感を味わうことになるでしょう。友達や親戚にもこの錯綜した問題はわかってもらえないと感じてしまいます。

先に述べたように、この種の緊張感や葛藤、家族メンバー内で起こるいろんなタイプの“アクティング・アウト”は、子ども自身の持つ難しさをさらに加速させます。攻撃、混乱、孤立など、どんな形を取ろうとも子どもの問題は悪化するだけでしょう。こういう状況では、これまでに説明してきたような幅広い視点での包括的な治療プログラムを行うのは難しくなるでしょう。効果的なプログラムは家族全員で行うことが必要だからです。家族メンバーがおのおののアプローチを用いながら、同じ目標に向かう必要があるのです。家族は一人ひとり、違った役割とスキルを持っています。たとえば、お父さんは子どもと外で遊んで運動能力に働きかけ、お母さんは行動をつなぐことと段取りを組み立てることを教え、おばあちゃんはまたほかの能力に働きかけます。年上の兄弟や親戚の子も同じようにお手伝いできるでしょう。その子を取り巻く皆が、チームとして動くことが必要なのです。お互いがお互いを批評し、さらに緊張感を生んでしまうような怒りっぽいグループではいけません。子ども自身の問題は、往々にしておとなとのケンカの火種になりやすいのですが、これがさらに子どもに跳ね返ると問題がどんどん悪化し、悪循環にはまりこんでしまいます。ですから我々のアプローチでは、あらゆる視点から働きかけます。子どもと親の視点に加えて、家族内のダイナミクスにも視線をあわせ、状況に応じて専門家や家族に近しい人もアプローチに加えます。

学校の先生たち

おとなの取れるいくつかの手立てについて説明する前に、コメントしておきたいことがあります。家族内でおこるダイナミクスについてこれまで説明してきましたが、学校の先生もこれと同じ事態に直面するということです。つまり、先生も親や周囲のおとなと同じような気持ちにかられやすいのです。ほかの先生が「どうなってるの？　どうしてクラス運営ができないの？」と、口を出してきます。クラスの中に ADHD や ADD タイプの子が二、三人いる教室の担任の先生は、クラスをうまくまとめられない、コントロールできない先生として、同僚から見られやすいのです。ほかの先生に教室を見てもらい、意見や原則を教えてもらうこともあるでしょうが、「もっとタフにならないとね。先生がボスだってことを、子どもたちに見せ付けないと」という一般論が返ってくるわけです。親が感じることのすべては、担任の先生も同じように感じるし、担任の先生にも同じようにサポートが必要です。担任の先生にもよい仕事をしてもらわなくてはなりません。これまで家族に対して推奨してきた方法は、学校の先生にも同じように当てはまるのです。

サポーティブな家庭環境を作るために

一歩下がって深呼吸

ADHDの症状には、一歩さがって深呼吸し、10数えて子どもの視点で考えましょう。多動の原因となっている感覚処理の問題を特定しようと努めてください。この子は物質的にどんな環境がお好みなんでしょうか？　そして、これまでどうだったかについても考えてみます。言葉を理解しにくいのでしょうか、もしくは視覚的手がかりを見落としやすいのでしょうか？　ある種の刺激に過敏なのか反応が乏しいのか、もしくは感覚刺激を欲しがっているのでしょうか？　もうお分かりのように、問題行動に影響をあたえている生物学的な要因があるのです。この要因のすべてを変えられるとは言いません。少なくとも今日明日変えられる要因ではありませんし、長期的に見ても非常に変化させにくい要因もあります。ただ、変化させることはできないにしても、対処することは可能です。少なくとも、生物学的要因を何かほかのことで上手に補うのを少しずつ学んでいくことは可能です。子どもへの支援方法を探す前に、まず子ども自身のプロフィール、つまり、外界への反応と関わり方の個性を理解することが必要です。

単純な解決策ではなく

問題が多種多様にからみあっているとき、解決方法もしばしば多種多様にからみあいます。溶連菌に抗生物質を投与するような単純な解決策では、複雑にからみあった問題には歯が立ちません。家族が、特効薬がないか求めるのは無理もないことです。そして包括アプローチの一つとして薬物治療を否定する訳ではありません。ただ、薬物治療オンリーで考えるべきではないし、最初から薬物治療を選ぶべきでもないでしょう。幅広い視点からの治療プログラムを始めて子どもの様子を観察すれば、その中で薬物治療がどのような役割を担いうるのかが見きわめられますし、治療プログラムの一環として薬物治療を後から加えることもできます。一般原則として、薬物に頼りすぎないようにすると、後々必要になったときに薬物がもっと有益なものとなります。これまで見てきたように、子ども自身の感覚処理能力の全体を伸ばすこと、周囲の刺激でパニックになったときの、個別的対処方法を磨くことによって、子どもの問題に“薬なしで”対処できることは、少なくないのです。

チームとして動く、よいところをお互いに認め合う

三つめに、親やまわりの大人がしっかりとチームを組み、共に取り組むことが大切です。チームで取り組むための時間は十分につくります。ご両親には、ご両親のための定期的な時間を一日の午後にとるようにして、子どもについてを話し合うだけでなくお互いの気持ちをほぐしあう時間にします。夫婦が互いに自分のことをわかってもらっていない、愛されていないと感じているなら、子どもと付き合う根気強さとエネルギーは沸いてはきません。ましてや家族は、先に説明してきたようなパターンに縛られる傾向があるので

す。子どもが寝静まった後の時間などを使って、互いの反省点を話し合うだけでなく、互いの気持ちを癒し合う時間も夫婦の日常には欠かせません。少なくとも一週間のうち半日ぐらいは、日常から離れ、互いに癒し合う夫婦関係を保つための時間が必要です。母方祖母と母親が二人で育児をしている場合でも、親子水入らずで出かけ、共に楽しむ時間が要ります。兄弟にももちろん、ひと休みの一日と日ごろの苦労をいたわる支えが必要です。ゆくゆくは、子どもの先生や専門のセラピストとも定期的に顔をあわせるべきでしょう。ご家族だけでは時間を作りにくいと感じたら、いざこざを解消するためカウンセラーやセラピストを探すことも必要です。

相手のいいところを理解することは、お互いを支え合うだけではなく、自己理解にもつながります。たとえば、お母さんは「主人に、息子にあまりきつく当たらないで、もっと思いやりと理解のある接し方をしてもらうには、私からどんなサポートができるかしら？」と自問自答します。またお父さんも同じように「妻を助けるのに、何ができるだろう？」と自問自答しなくてはなりません。ご夫婦では「この子に必要なものは何だろう、だれがそれをしてやれるだろう？　夫（や妻）はそうでもなさそうなのに、私がこうもこの子にいらだってしまうのは、何だろう？　どうしてこうもすぐにカッとなってしまうんだろう？」と自問自答します。両親がそれぞれ、時間をかけて伴侶の気持ちを理解すると、自分のあり方をふり返りながら事に当たれるようになります。自分をふり返るあり方とは、子どもの反応と同様、自分がどう反応しているか観察できていること、自分の感情と夫（や妻）の感情、父方母方祖父母の感情をモニターできていることを指します。

自らをふり返れる家族は、子どもの行動への制限を上手に設定します。息が詰まるほどに厳格であることにとらわれてもいけませんし、反対に、投げやりになったり悲観的になったりしてもいけません。子どもを追いつめないように配慮しつつ設定された行動制限は、ゆくゆくは子どもの内に根づいていきますし、さらには、子どもが自ら制限を設ける能力へと広がっていくのです。

子どもを育む環境をさがす

最後になりましたが、子どもを育むのにふさわしい教育的もしくは療育的環境を見つけてあげることもとても大切です。騒がしい学校のなかの騒がしい教室は、感覚過敏のある幼稚園児や保育園児、小学生とっては厳しい環境です。こういう子には少人数で、和気あいあいとした落ち着く教室なり学校環境が必要かもしれません。私立の学校や特別な学校を探さなくてはならないかもしれませんし、もしかしたら家庭での学習を考慮しなくてはならないこともあります。自分のよさをいちばん発揮できるような環境を見つけるのが望まれます（次の章で詳しく述べます）。

サポーティブな家族環境のために

1. **一歩下がって深呼吸**
   子どもの行動や気持ちの揺れの引き金になっているのは何なのかを把握するために時間をとりましょう。

2. **火に油をそそがない**
   子どもが我を忘れて暴れている際には冷静に応じます。冷静に応じることによって子どもは自分のコントロールと注意集中を取り戻します。

3. 単純な解決策ではなく

子どもを簡単に決めつけないことです。原因究明や治療法について、単一の理論にすがらないようにしてください。

4. ほかのおとなに不平を言わない

子どもの問題行動に“小言”をもらさない人はいませんが、それよりも、家族メンバーそれぞれの長所とできることを、リストアップしてください。

5. チームとして動きましょう

親と教師が連絡を取りあい、必要な支援について話し合ってふり返り、お互いを支えていきます。

6. 子どもを育む環境を

子どもの持つ、個性的な発達特性にあわせた、適切な教育的・療育環境を作りましょう。ものごとに落ち着いて取り組め、自分をふり返って考えられるように、発達を促す家庭環境を整えます。

第 10 章

物質的な環境について

不注意や多動性を考える際、最も物議をかもすのが、物質的な環境の影響についてでしょう。物質的な環境とは、子どもが口にするもの（砂糖などの食品や、添加物、化学物質）、大気中の汚染物質、光や音の刺激などを指します。物質的な環境について、それが子どもの注意力に重大な影響を及ぼしているとかとくに影響を受けやすい子がみられるなどと、はたして言えるのでしょうか？　個々の問題をあつかう前に、一般的に言われていることを概観していきましょう。

砂糖の摂取が子どもの注意力に影響を及ぼすかどうかというような、シンプルな問題を取り扱った研究に対し、賛否両論の結果が出ている場合、被験者の均一性について検討しなくてはなりません。研究では一般に、たくさんの被験者で考えるときも、3、40人のもっと小さい被験者グループで考えるときも、いろんなプロフィールのある子が、いっしょくたになっているのです。不注意とか衝動性という問題は共通しているかもしれませんが、物質への過敏さは子ども一人ひとりで違います。たとえば、興奮度があがりやすいタイプの子は、神経システムに少量のアドレナリンが加わると、きわめて不注意かつ活動的になります。しかし、興奮しにくく抑制的なタイプの子は、砂糖の摂取によって気分が明るくなってやる気が湧き、より注意集中できるようになるかもしれません。同じように、コーヒーを二杯飲むと神経過敏になってしまう人もいれば、それがちょうどよい量の人もいるのです。ちょうどよい人にとっては、コーヒーを飲むことで、落ち着けるし、集中できるし、仕事もはかどるのです。ワインについても同じことが言えるでしょう。夕食時の2、3 杯のワインで気分が和らぎ、人間関係が滑らかになる人もいますが、酔いが過ぎて口の悪くなる人もいます。アルコールに過敏なために、悪酔いして口げんかを始めてしまう人もいるでしょう。また、何杯飲んでも何の影響もなく、けろっとしている人もいます。

種々の物質的要因への反応はさまざまな個人差があります。人間の神経系は一人ひとりみな違っているためです。研究結果に一貫性が見られない場合、被験者の均一性が適切でない場合もあります。被験者をどのように分類したらよいのかがわからないので、均一性に目が向かないこともよくあるのです。

この本では、これまで見てきたように、行動の土台となっている動きの組み立て能力やつなぐ能力、感覚の調整力、目や耳からの情報の理解力によってグループ分けします。この視点により、子ども一人ひとりの持つプロフィールに目をむけ、周囲の物理的な環境に対する反応を見ていくことができます。賛否がわかれる論点を明確にしようとする際の原則は、子どもの発達プロフィールと行動パターンに基づいて、臨床的に意味のある分類を被験者に対して行っている研究に注目することです。もし、ある問題の指標を満たしている子を、質問紙や観察チェックや他のテストに基づいて、すべていっしょくたに扱っている調査研究なら、その結果に意味は見いだせないでしょう。残念ながら、ADHD に関する議論の多くはこういった暗中模索の状態を抜け出していないのです。

最初に

名探偵として

まずは状況を調査し、パターンを探すことから始めます。たとえば、誕生日のパーティで、いろんなお菓子や甘いものをたらふく食べたとしたら、その後のふるまいの様子はどうでしょうか？　または、ザワザワゴチャゴチャしていて刺激の多い環境にいるとき、子どもの様子はどうでしょう？　反対に、とっても退屈であまり動いているもののないのんびりした環境だとどうでしょうか？　こういう観察が、最初のステップです。さらなる精査の為の手がかりが見つかるでしょう。

からだの診察

小児科的な診察の一環として甲状腺機能を調べます（甲状腺機能の低下は活力の低下と不注意を生みますし、甲状腺機能の亢進は活動性と落ち着かなさを生みます）。貧血も活動力の低下や不注意などのエネルギーの低下をまねきます。身体的な問題から派生する問題行動をよりわけるのに、直近の小児科的診察は非常に重要です。身体的な問題なら適切な治療や医学的関わりによって解消できます。

小児科的検索の一環として、鉛やその他の有毒金属の血中濃度をチェックすることも大切です。これらの金属が多いと、子どもの健康全体に悪影響を及ぼすだけでなく、注意力や集中のあり方にも影響し、静かでいることが難しくなります。たくさんの刺激にさらされたときには特にそうなるでしょう。

栄養状態

次に、全体的な栄養状態に目を配りましょう。健康的な生活、そして、タンパク質、脂質、炭水化物、十分な野菜や果物などをバランス良くとれているでしょうか？　多くの子どもはこういったバランスのよい食事をしていません。食事やサプリメントを通して、十分なビタミンやミネラルを取っているでしょうか？　食事のバランスが悪い子、十分なビタミン、ミネラルを摂っていない子も、物質的な困難にさらされていることになり、その行動に何らかの影響が及ぶでしょう。

環境の物質的な側面について

われわれが頭に入れておく必要のある、子どもをとりまく環境の物質的な側面とは、いったい何でしょうか？　くり返し強調したいのは、研究の被験者の均一性を確認し、それを確保することです。一方で、大規模研究に組みこまれない限り、それぞれの家族は、それぞれの特徴をもった“個”として捉えなければなりません。一人の子どもは被験者全員の中の特徴をもった個であり、被験者全体を表しているのではないのです。親や臨床家にとっては、わが子や目の前のその子が、環境にどのように反応しているかを見ることが肝要です。「騒がしい環境、明るい環境、目がチカチカしたり、ざわざわしたりする環境では、一般にこういう反応をする子が多い」という先入観から始めるよりも、「こんな環境では、この子はどのようにふるまうだろう？」と問うてください。われわれが目をつけ頭に入れておくべき物質的な環境とは、こういう意味です。

糖分と加工された炭水化物

糖分によって子どもが不注意になるかどうかをめぐっては、論議が分かれています。糖分によって不注意になったり、多動になったりすることはないとする研究もありますが、イギリスの医学雑誌“ランセット”のような、権威ある雑誌に掲載された論文で、糖分が子どもを不注意かつ活動的にすると主張しているものもあります。たとえば、あまり知られていない研究ですが、グルコース（糖分が代謝されたものです）がエピネフリンやアドレナリンを刺激するとするものがあります。体内のアドレナリンが活力を与えることは、よく知られています。子どもによって個人差はありますが、はたして糖分が不注意や多動を引き起こすかどうかはわかっていません。

では、子どものとる食事に含まれる糖分や加工された炭水化物の量はどれくらいなのでしょう？　白米のような加工炭水化物は、玄米などの穀物と違って、体内で速やかにグルコースや糖分に変化します。生の果物よりジュースとして加工された方が速く吸収されるのと同じです。生野菜の多くは、さらに吸収に時間がかかるでしょう。このように、体内で速やかに加工される食品は、グルコースを速やかに生成し、体内にいきわたらせます。グルコースをスムーズに吸収できる子もいるでしょうが、グルコースに反応しやすい子は、体内のバランスが崩れるでしょう。また、アドレナリンの発生をいくらか刺激するかもしれませんし、それによって、活動が刺激されたり、落ち着かなくなったりする子も中にはいるかもしれません。繰り返しになりますが、子ども一人ひとりのパターンに目を向けてください。

添加物、保存料、着色料

次は、食品の添加物、保存料、着色料についてですが、これもたいへん物議をかもしている領域です。こういった成分が、不注意や多動性の原因かどうかについては、賛否両論があります。ここでも同様に、子どもたちの個人差を忘れてはなりません。赤色40番の着色料が含まれる食べ物を口にするとすぐに、騒がしくなってしまう子や成人の方がいます。また、赤色40番の入った食べ物を口にしても、まったく影響を受けない人もいます。騒がしくなってしまうのは、ADHDやADDの子どもだけでなく、この添加物に過敏な子にもおこりえることです。これは、一般的な意味での“食物アレルギー”とは違います。冒頭で述べたように、ちょうどコーヒーやワインに過敏な人がいるように、物質に対する過敏さのことを指しています。

ここでも、人工物――食物中の化学物質です――の悪影響のみに、注目しすぎてはいけません。目の前のその子に、どんな影響があるのかにこそ、注目しなくてはいけません。添加物、保存料、着色料など、食品に含まれる人工物と同様、特定の食物が問題の原因なり犯人になります。コーン、卵、乳製品、グルテン製品などに過敏な子もいます。あなたの目の前の子どもが、過敏だったり拒否反応がでたりするものは何なのか、人工物だけでなく食品にも目を向けるようにしてください。

私たちが口にする食品に含まれる人工物は、どんどん多くなっています。牛肉や鶏肉をバクテリアから守るために添加される抗生物質もそうです。牛を大きく成長させるために使われるホルモンもあります。これらの人工物は子どもたちの問題にもなりえます。自然食をとっているときと、そうでないときの子どもの違いを比べて、子どものふるまいに違いを生んでいるかどうかを比べてみましょう。

こういったことを考えるとき、行動の違いをみつけるのに役に立つのは、いま気になっている人工物が含まれる食事を二週間、次にその人工物の含まれない食事を二週間続けることです。チェックしている物質をとらない二週間と、その物質が含まれる食事をとった二週間とを比べます。子どもの行動上の違いを見きわめてください。いろんな作業を要領よくまとめあげる協応能力、指示に従う能力、注意集中の能力、静かに落ち着いていられる能力など、目標とする子どもの行動を、1から10のスケールで捉えるようにしましょう（家族のあり方を含めて、子どもへの感情的な引き金も、同じく念頭に置きましょう。家庭で、子どもの気持ちを刺激するようなやりとりをやめてみたり、学校のなかでも同様に、子どもに負担になる時間を控えてみることです）。

空気中の化学物質、有害物質、“室内の汚染”

食品中の化学物質に加えて、物質的環境で念頭に置くべき三番手は、子どもが口から吸い込んでいるものです。空気のなかに含まれるものも子どもの行動に影響をおよぼします。空気中の物質は肺の中に入り、ついで血液の中に入り、からだに吸収されます。たとえば、洗剤、歯みがき粉、殺虫剤、染料、じゅうたん用の洗剤など、汚れをとるための薬品や、じゅうたんやマットなどの新品の家具もそうです。これらはすべて化学物質を含み、家庭や学校の空気中にただよって、子どもの行動に影響をおよぼす可能性があります。衣服、寝具、防火処理のされたクッション内の詰め物なども同様です。たとえば新品のカーペットは、いろんな化学物質をふくんでいます。子どもはその上でゴロゴロはしゃぐでしょうが、カーペットに立っているおとなは、その事実になかなか目が届きません。カーペットを清掃したり木の床を張り替えたりした直後は、化学物質のにおいがするでしょう。塗装したての部屋にいると、おとなでも頭が痛くなる人はたくさんいますし、落ち着かなくなる子どもも少なくありません。塗装のにおいが部屋の中からすっかり外に排出されてしまうのには二ヵ月はかかります。石油由来の塗料の化学物質は排出されるのにもっとも時間がかかりますが、ラテックス由来の塗料の化学物質は比較的短時間で排出されます。最近では、毒性がなく、室内の空気から一日か二日ほどで排出されてしまう特別な塗料もあります。

衣類を洗う際に使っているものも、目を配りたいもう一つの要因です。この本の最後に、子どもの物質的環境や健康に影響を与える化学物質について扱っているウェブサイトのリストを載せています。（“ウェブサイトの情報”をご覧ください）。健康への影響とは、注意や活動性の問題だけでなく、感染症や癌などの疾患にかかりやすくなることも含んでいます。ウェブサイトの情報を見ることで、物質的な環境の何に目を配ったらよいのかを学び、適切な関わり方ができるようになるでしょう。

最近ではたいへんきれいな校舎の学校も出てきましたが、そこに使われている材料が、有害物質を空気中に出していることもあります。子どもは床の上、草の上ではしゃぎますから、室内、室外で用いられる殺虫剤も問題です。殺虫剤のような薬品が毒性を持っているのは、もともと害虫を殺すのが目的であることからも、疑う余地がありません。もっとも、殺虫剤以外の防虫方法もあります。覚えておきたいのは、子どもたちはこういった薬品が使われている場所で遊びたがること、有害物質を吸収する子どもたちのからだはまだ小さいということです。有害物質は脂肪組織に入り込みやすく、からだから排出されずにとどまります。

われわれが指摘してきたように、こういった薬品や化学物質をめぐっては賛否両論があります。それはつまり、すべての子どもに問題を引き起こしているわけではないからです。体内でうまく処理できる子も、そうでない子もいます。家が塗装中のときやカーペットを張り替えているとき、子どもが何らかの反応を見せたという親もいれば、何も変わりなかったという親もいます。その反応についても、無気力になる、気分が沈む、そわそわするという反応から、動き回る、衝動的になるという反応まで、幅があるのです。

光と音

照明などの光や音の強さ、光の種類も子どもに強く影響を及ぼします。それまではとっても可愛らしく、注意集中もしっかりできていて行動も落ち着いていた子が、幼稚園や保育園に通うようになって、広くて騒がしく、元気な子どもたちに囲まれ、目にも耳にも刺激の多い教室に入るとします。すると人が変わったように、度を越して活動的になり、手のつけられないヤンチャ者になってしまいます。ご両親は子どもについて、それまで聞いたことがないような報告を、園の先生から聞かされます。この行動の変化は新しい物質的環境に対する反応だと言えます。つまり、光や騒音のレベルの変化や、子ども同士が取っ組みあう騒がしい場への反応です。

大切なのは、その子が実際に多くの時間を過ごしている物質的環境に注目することです。ボイラー室に近い教室だったら、低周波数の雑音にたいへん敏感な子はボイラー室からのブーンという低音を聞いていることになります。また、高い周波数、高い音調の雑音が多い環境に置かれている場合もありますし、担任の先生の声が甲高いこともあります。子どもへの影響を上手に探る場合には、こういったこともすべて視野に入れる必要があります。

物質的環境を、体系的に見ていくことがポイントです。新しい研究結果や知見を常にふまえていながらも、目の前の子どもを、ほかにいない唯一の存在として考えましょう。統計的結果を過度に信頼しすぎないようにしてください。かかりつけの小児科医が特に勧めるやり方があれば、「お勧めされるやり方の根拠は、特定の子どもたち（少数群）を扱った研究でしょうか、それとも子どもの全体を大雑把に見ているだけの研究でしょうか？」と、聞いてみてください。

物質的環境を調査し、学習環境、家庭環境をよいものにしていく一方、子どもの様子を観察する時間も作ってください。子どもが環境に慣れるための時間も十分に取ってあげます。時間が経つと、以前よりも驚くほど落ち着き、注意集中できるようになることがあります。子どもを取りまく環境が子どもの行動に与える影響については賛否両論がありますが、目の前の子どもに与えている影響を取り上げる、という姿勢で臨むべきです。最新の知見に目を通しながらも、目の前のその子への関わり方を探ってください。名探偵になって、あらゆる可能性すべてを考慮してください。

さらに情報が必要な際には、Healthy Child Web site（www.healthychild.org）と、the Environmental Working Group Web site（www.ewg.org）をごらんください。ほかのサイトも、本の最後の“ウェブサイトの情報”に載せてあります。

訳者註：日本語のサイトとしては、独立行政法人国立健康・栄養研究所のHPの中に、素材情報データベースがあります。（http://hfnet.nih.go.jp/contents/indiv.html）

子どもをとりまく物質的な環境をチェックする

1. 小児科的身体評価を丁寧に行い、身体的に健康な状態であることを確かめてください。鉛などの有毒性物質の血中レベルもチェックします。

2. いろんな環境下で、子どもの行動を比べます。食事や照明の具合が変わるとどうでしょうか。

3. 自然食に変えて、添加物、保存料、着色料が食事に含まれないようにしてみます。吸収されやすい、加工された炭水化物や砂糖、ジュースは最小限にして、複雑な炭水化物や健康的なたんぱく質を、ゆっくり吸収するようにします。こういった工夫で子どもの行動に変化が出るでしょうか。

4. 食品にふくまれる、問題を引き起こしているかもしれないものを探すのには、それを二週間は摂取し、次の二週間は摂取しないようにします。食品中に含まれているときと含まれていないときの様子を比べます。

5. 問題行動の真犯人が特定できたと感じたら、それを取り去ります。もしくは、子ども自身をその問題の場所から遠ざけます。

6. 学校での感覚的な反応のレベルを比較します。感覚刺激に敏感なのでしょうか、反応が乏しいのでしょうか、もっともっとと刺激を欲しがっているくらいなのでしょうか。担任の先生の教え方、教室の照明や雑音のレベルは、その子にあっているでしょうか。

第 11 章

おとなの ADHD

これまでの章で説明してきたADHDへのアプローチは、10代以降のおとなにも適用できます。自分で自分を援助する際に、おとなは子どもよりも有利な立場にいます。なぜならおとなは、自分自身の持つ強みや弱みを、子どもよりも、容易に見きわめることができるからです。基本的な運動機能、感覚を処理する能力、考える能力、視空間的な思考能力、聞いたことを処理する能力、動きをつなぐ能力など、子どもの強み弱みを親と専門家が描き出すように、おとなは能力の諸領域を自己モニターすることができます。たとえば、42歳の人なら自分の能力をおさらいして、“私はいっつも不注意だし、そわそわそわそわしている。描いていた計画通りにいったためしがないし、いつも落ち着かない。どうしてこうなのか気づかなかったけど、おそらくADHDなのではないか”という結論に到ることもありえるでしょう。

自分の抱える問題が注意力の問題であることに気づいたおとなの人はよく、薬物治療が必要かどうかを考えます。私に相談してこられたある男性は、自分は子どものころ両親からリタリンを試されたけれど、飲んでイライラした気分になったので再び飲んでみる気にはなれないと語られました。今ではほかの薬も手に入ると言われてきたのですが、彼は薬や副作用にたいへん敏感なため、それも試す気にはなれなかったのです。もう中年に差しかかっているこの方は、薬物治療なしで集中や注意を身につけることのできるようなプログラムがあるのかどうか、知りたがっていました。彼はこの本で説明してきた療育のガイドラインに添うことはできましたので、その中で自分の能力を再評価しました。そうして彼は、子ども用のものと似た、自分用の療育プログラムを作ることができました。

プログラムを用いる際、おとなと子どもとの間で違うのは、これまで説明してきた遊びを、おとなにとっておもしろいものに変える必要がある、ということです。片足で立ちながらボールをキャッチするバランス運動。体の右と左をいっしょに使う左右の協応のための運動。五つ、六つと連なる複雑なステップを追っていかなくてはならない動きをつなぐ運動。いずれの運動をするときにも、自分の年齢、能力、普段の興味を考えて、自分で面白いように味つけしてください。たとえば、ダンスをこよなく愛する方なら、運動のなかにダンスを取り入れたくなるでしょう。スポーツが趣味の人は、いろんなスポーツの動きの種類を取りいれ、バランスを育てるスポーツ、視覚的スキルを育てるスポーツなどを模索するのです。

20代から30代のADHD

私が関わった興味深いケースがあります。おとなの方への実践がどういうものかが、よくわかると思います。スザンナという28歳の女性が相談に来られました。私はスザンナのADHDの弟さんに長く関わっていました。この本で説明してきた療育プログラムが確立する前のことです。スザンナは自分の弟さんの様子が改善していく様子に衝撃をうけました。そして彼女は、自分もADHDだろうと感じていました。「どんなことにでも、すごく落ち着かなくなるんです。集中もできないし、仕事にも影響が出はじめています」と語られます。彼女は大学をなんとか卒業し、米国議会の上院議員のオフィスで働くようになりました。彼女はたいへん創造力がある人で、文章も上手です。しかし、指示を聞き落とすこと、仕事をやりきらずにあっちこっちへと気がそれることから、批判の声もあがるようになっていきました。友達に相談している中で、彼女は友達から、「ADHD かもしれないよ、薬を飲んだ方がいい」と助言されました。しかし、先述した男性と同じく、スザンナは自分の弟のとき、薬物療法の効果があまり見られなかったことを、たいへん心配されていました。あるとき、スザンナは私に、効き目をみるために弟さんの薬を一つ飲んだことがあると打ち明けられました。しかし飲んでみても、イライラソワソワする感じがあって、弟さんに効かなかったわけがわかったそうです。そこでスザンナは弟さんが取り組んだように、自分用の療育プログラムも組めるだろうかと考えました。落ち着いて仕事に取り組み、指示を取りこぼさないようにする必要があったからです。スザンナは自分の強みをよく承知していました。彼女は物事を分析する能力、文章を書く技術は大変優秀です。議員用のスピーチを作り、国内外の問題に対する政策発表の補助をすることなどが彼女の業務の一部でした。

スザンナにできることはなんでしょうか？　スザンナといっしょに彼女の能力をふり返っていく中で、自分の強みだと感じている領域がたくさん見つかりました。彼女は文才があり、語彙が豊富なことが明らかでした。彼女はこれまでに作ったいくつかの詩や短編小説を私に見せてくださいました。ただ興味深いことに、詩や短編小説の質はバラバラで、作品それぞれで方向性が違うのです。彼女自身は、それもみな作風なのだと語りましたが、私にはそれが、彼女が生来持っている、落ち着かず集中できない傾向の言い逃れであるように思われました。

スザンナは自分がずっと“不器用”だったことも明かしました。彼女は自転車の乗り方をずっと練習してきましたが、10 歳になるまで二輪の自転車に乗れませんでした。バランスをとることが難しかったからです。彼女はダンスを勉強していましたが、スポーツを学ぶことも彼女にとっては大変難しいのでした。高いところやローラーコースターみたいな乗り物も苦手です。また、いろんな音が耳に入ると容易に落ち着かなくなってしまい、パーティーなどの騒がしい環境ではすぐ限界が来てしまいます。しかしその分、仕事をしながら部屋の向こう側からのささやき声を聞きとり、仕事の手をとめ耳をそばだてて、話の中身に意識を向けることができます。さらには、窓から入ってくる強い日光にも、落ち着かなくなります。肩をちょっと触られても、飛びあがってしまいます。つまり、スザンナは明らかに、いろんな感覚に過敏だったのです。

スザンナは数学が苦手でした。そして、物事を空間的に捉えて理解することにも、苦労しています。たとえば、今の住居を違うアングルから説明して欲しいといわれても、それが難しいのです。私はブロックを使うちょっとしたテストを出しました。鏡で映したように、お手本と反対の形をつくるのですが、これもスザンナには難関でした。何か読んでいる際、私から、その読んでいる内容を絵に描いてみるように言いましたが、これもスザンナにとっても難しいことでした。彼女はいろんな種類の視空間的な作業でたいへん苦労していたのです。

しかし一方で、スザンナには想像力があり、論理的なのです。"比較の思考（二つの政策を比較検討する）"、"グレーゾーンで考える（これよりもこれの方が、どういう風によいかを、説明することができる）" など、高いレベルでの思考も身につけています。そして、自分の強み弱みをふり返ることももちろん可能です。しかし、目で見ているものに、こういった高いレベルでの思考をつかう段となると、複雑な視空間的思考ができないのです。たとえば、外観の違うものをいくつか見てから、似ているところ違うところを述べ、その理由を説明しようとすると、すぐお手上げになります。考えがあっちこっちに飛んでしまうと、彼女は語りました。考えがまとまらなくなり、論理的に考えることができなくなるのです。目で見て理解することと言葉の能力とが、つながっていないのでした。

スザンナの療育プログラム

スザンナ用にあつらえた療育プログラムの種別は、42歳、60歳、さらには80歳の方にも使えるものでした。ポイントは、療育プログラムに取り組む人それぞれの興味と熱意とに光をあて、その方にとって楽しいやり方で課題に取り組めるようにすることです。

動きを組み立てる

彼女の言う“不器用さ”に働きかけるのに、まず、“進化しようゲーム”から始めようと考えました。床をもぞもぞと這うところからはじめて、立って歩き、ホップ、スキップ、ジャンプ、さらにはトランポリンの運動に進みます。スザンナはこの運動を、音楽にあわせて行う毎日のエクササイズに替えました。彼女はスタイル維持のために、テレビのエクササイズ番組を見ながら音楽にあわせてからだを動かすことをすでにやっていました。彼女は、その番組を録画したものを朝の目覚まし用にいくつか持っていましたので、すぐ療育プログラムに合体させました。“進化しようゲーム”に音楽をつけて、毎日のエクササイズに組み込みました。すると、とっても面白いエクササイズになりましたので、毎日続けられるようになりました。

徐々に、右、左へと動く複雑な動きを加えていきました。スザンナはダンスはからっきしだったのですが、大好きではありました。そこで、流行のダンスの踊り方を映像と音声で指南してくれるDVDを使い、ダンスの動きを毎日のエクササイズに取り入れてみました。これによって動きのつなぎ方がうまく学べました。目でも耳でもわかるからです。動きをつなぐ能力をもっと伸ばすのに、“進化しようゲーム”の際、フラフープや家具の間を這っていき、いろんな壁をよじ登るなど、簡単な障害物を組み込みました。こういった工夫が体のあちこちを協力させて動かす協調能力を伸ばしました。

バランス感覚を伸ばす運動をする際、スザンナは、ボードの上でバランスをとって立ちながら、音楽にあわせてからだを動かすのがお気に入りでした。そこで、ボードの上で立ってバランスをとりながら、ボールをトスして、音楽にあわせてリズミカルに空中にあげるという動きを取り入れ、毎日の基本的なエクササイズに組み込みました。

バランス感覚をさらに育むためにヨガも加えました。鍛えていない筋肉を使うような、いままでと違ったポーズをとらなくてはならないので、これまでに 1、2 回試してみましたがつらくてやめてしまっていたのです。しかし今回はいままでとはまた違う新鮮さがあり、注意力を伸ばす手ごたえが得られました。彼女はヨガの教室にも通いながら、家庭ではダンスにあわせてエクササイズを続けました。ヨガだけではなくダンスの教室にも出席するようになると、彼女はもう“ギクシャク”してない年齢相応に改善したと感じられるようになりました。運動機能を改善するのに、こういったすべての運動が役に立ったのです。

感覚刺激の調節

スザンナは音に過敏なため、騒がしい環境ではじっと落ち着いて注意集中することがなかなかできないことを自覚していました。音に圧倒されてしまい、容易にパニックになってしまうのです。彼女は私といっしょにどんな波長の音に悩まされるのかを確かめました。ブツブツとつぶやく小声、機械が動いているブーンという音、車の音など、低い音調のものを聞くと落ち着かなくなるのです。高い音調の音は愉快なわけではないけれど、我慢できないほど苦手でもありませんでした。そこでスザンナは、運動の一環として、毎日のエクササイズのなかで少しずつ苦手の音に慣らしていくように工夫しました。音楽やエクササイズなど落ち着いた時間に苦手な音を組みこみました。スザンナはゆっくりしたカントリーミュージックやウエスタンミュージックが好みでした。そこで、自分のお気に入りの音楽にあわせていろんな音を聞くようにしたり、ヨガの動きでリラックスしている時に聞くようにしました。こういう工夫により音に慣れていくことができました。苦手な音には悩まされますが、次第にその度合いは小さくなり、我慢できなくなることは減りました。

視空間的に考える

すでに述べたように、スザンナは自分の家をいろいろなアングルから描くこと、読んだ文章を絵にすることが大変苦手です。読んだストーリーを視覚的なイメージに焼きなおすこともできません。自分のボーイフレンドや親友のいる情景を、写真で撮ったみたいにして描いてごらんと求めても、彼女はできませんでした。詳細な文章を読んでそれを絵に描いてみるように言っても、彼女はいつも、ぼんやりとしか浮かばない、と答えるのでした。

視空間的に作業することは、スザンナにとって、またさらに難しいことでした。まず、様々な形のブロックを使って、量の概念を伸ばすようにしました（彼女はいつも数学が苦手でしたし、“大きい”“小さい”を頭の中で描くのも、楽なことではなかったのです）。いろんな形のコップに水を入れて行う練習も行いました。この基本的な保存の概念の学習は、小学生が行うものでしたが、スザンナはしっかりとマスターしていなかったのです。目で見たものをもっと確かに理解できるように、また、量の感覚を伸ばせるように、練習をしていきました。ついには、手を動かしながら彼女は、“あぁなるほど”と言うようになりました。彼女の療育プログラムのなかでは、これはもっとも難しい箇所で、われわれも、彼女が楽しめる適当な練習を思いつくことがなかなかできませんでした。それでも彼女は、療育プログラム全体を、楽しみながら取り組みました。

視空間的能力をもっと伸ばすために、スザンナは二つのことを始めました。まず、趣味の詩や短編小説を書くときに、映画や舞台の脚本のように描いて、どんな話なのかが目に浮かぶようにしました。最初は、登場人物は一人か二人で、ごく簡単なドラマから始めましたが、半年から8ヵ月が過ぎる頃には、書いた話を実際に絵に描けるぐらいの力を確立しました。この力により彼女は他の人の文章を読んでもそれを絵に描けるようになりました。

こういった取り組みを毎日の生活のなかに組みこんでいくのに、毎朝スザンナは一日の予定の流れを、予定表にして描くようにしました。簡単な線で描かれたちっちゃな人をつかって、しなければならない仕事は何か、休みの日には何をするか、友達と何をして遊ぶかなどを書いておくのです。すでにし終わったことを書くよりも（覚えておくために、彼女はいつもペンを持ち、メモを取るようにしていました）、これからする予定の方をちっちゃな人間の絵を使って、描くようにしました。その日に何を終わらせなくてはならないのか、スケジュールや案内を視覚的に作るのです。スザンナは、朝起きてから寝るまでのスケジュールを30分刻みに描くことを習慣づけました。頭の中でスケジュールが立てられること、行動予定表を頭の中に作れること、進行具合の確認と終わったことのチェックを頭の中でできるようになること、これらが目標でした。4ヵ月が過ぎる頃には、少しずつこれができるようになりました。自分自身に言葉で言い聞かせることと、イメージを作ることを結びつける作業を続けて行いました。絵としてイメージするのは難しかったのですが、イメージしてしまうと、彼女にとってよりわかりやすい指標になりました。スザンナはどの取り組みにも大変熱心だったのですが、取り組みを持続するための励ましも必要でした。うっかり忘れてしまうことや、もう止めてしまおうと思うこともしばしばでしたが、それでも気持ちを持ち直して、毎日の取り組みを続けました。

視空間的な思考の部分が改善していくにつれ、全体的により抽象的な思考ができるようになりました。彼女は常日頃から、細かいところに目がいくタイプであることを自覚していました。しかし抽象的な思考が身につくと、細かいところを注目する力は保持しながらも、全体像で考えるようになりました。

私は彼女と話すとき、いつも次のように質問していました。「これは全体の中でどういう位置づけになるのかな？全体をまとめあげるにはどうしたらいいだろうね？」。彼女の仕事である政策に関する文章やスピーチを書いているときでも、文章全体で言いたいこと、中間地点で言いたいことは何かを質問しました。彼女は文才があるにもかかわらず、文章全体で主張したかったことを心に留めておけず、しばしば着地点を見失ってしまうのです。しかしスザンナは文章を書くとき、見てわかるように大きな箱を実際に描いて、文章のメインテーマから中間地点のテーマを矢印で結ぶようにしました。ただ心のなかで言葉にして考えるだけでなく、見てわかるように整理することの重要性が実感されました。

じっと落ち着いて仕事に取り組む能力、指示を取りこぼさない能力、問題を解決する能力は、だいたい一年をかけて、徐々に改善し、スザンナは気を散らさずに集中できるようになりました。思考する力も全体的に改善し、人間関係の質が変わり、日常生活はよりよいものになりました。気持ちをすり減らし、頭をかかえて悩むことが減り、考えがまとまるようになったのです。自分の感情をより上手に感じられるようになり、年がら年中いら立ってしまうことは少なくなったので、気持ちが嵐のように混乱することも減りました。以前よりも冷静に集中して取り組めるようになったことが自分でもわかり、ボーイフレンドや両親とのイザコザ、仕事上のトラブルに気が動転したときには、いくつかのまた違った視点からながめられるようになりました。自分の抱いているいろんな気持ちが、目の前の問題とどのように関連するのか、客観視できるようになりました。

スザンナはめざましい前進をみせ、一年前に抱えていた問題は真に乗りこえられました。スザンナの事例は、注意力に問題を抱えるおとなの方に、子ども用のアプローチをどのように応用すればよいか、どのように活用すればよいかの大変良い事例だと言えるでしょう。

第 12 章

さらなる治療や薬物療法が必要な場合は

この本の範疇を超えて、子どもへの支援が必要な場合は、どんなときでしょう？　それはまったくシンプルです。この本にあるアプローチを6ヵ月試してみて、少しも前に進まず、改善もみられないときには、助言をくれる専門家を探しましょう。子どもがどこに困難を抱えているかの見立てによって、どの専門家に当たったらよいのかが、決まります。目で見たことの理解、耳で聞いたことの理解が難しいようなら、子どもの視覚の専門家や言語聴覚士など、その領域の専門家をあたります。動きと動きをつなぐこと、動きと動きを調和させることに苦労しているようなら作業療法士の助けをかります。これらの治療を概観する為の心理士や精神科医も必要です。注意集中を助けるために薬物治療が必要なら、この方面の処方に詳しい小児科医や児童精神科医に相談しましょう。こういった医師に相談する際、どういうアプローチをとっている人か、包括的なアプローチの一環として薬物治療を考えているのかどうかを尋ねてみてください。薬の効果だけでなく、副作用についても十分に相談できるでしょうか？　子どもが薬を服用した際には、第10章でも説明したように、あらゆる視点からその効果を見極めることが大事になるでしょう。

こういった専門家は、子どもの発達に何が足りないか見つけるための力になってくれます。ただ最初は、この本で取り扱ってきた基礎をひととおり押さえるようにしましょう。子どもが基礎となる能力を身につけていくのを邪魔せず、うまく関わることのできるような家族のパターンにも目を向けましょう。子どもの全体的な発達を伸ばすことがそのまま、注意力の問題を乗りこえるためのゴールなのです。

こういった取り組みは、家族の忙しい毎日のなかでも時間がとれるでしょうし、高校生や大学生のアルバイトをやとって、からだを使った協調ゲーム、さじ加減ゲームなどを手伝ってもらうことも必要になるでしょう。要点を指導してあげれば、こういった訓練の時間を楽しいひとときにしていくことができます。スポーツやダンスのようなリズミカルな運動を学びながら、バランス感覚やからだの動きを協調させたり、つないだりするスキルを改善させていくことができます。

一般的には、たとえば視覚上の問題など、しっかり見すえることの必要な問題がほかに出てきたとき、または6ヵ月以上このプログラムを続けても変化がみられないときが、専門家の助力を探すときです。

感覚処理と運動能力についての質問紙

感覚処理と運動能力は、子どもの感情的・認知的発達に影響します。これまでの章で見てきたように、注意力、集中力にも影響を及ぼします。“感覚処理と運動能力についての質問紙”は、親や専門家が、子どもの個性がどういうものかを知るための一連の質問からなり、これにより子ども一人ひとりのプロフィールを体系的に捉えることができます。触覚に過敏な子がいれば、反応の乏しい子もいます。音に過敏な子もいれば、なかなか音に気づかない子もいます。こういった子どもの個人差は、注意することや静かでいることを身につけ、思考能力を伸ばすための療育プログラムを組み立てる際、重要な情報となります。たとえば、聞いて理解することに強みを持っている子なら、見て理解することの練習がさらに必要でしょう。どんなプロフィールを持つ子でも、苦手を強化し、弱点を長所へと変えるための方法はあるものです。

質問項目はすべて、子どもの年齢に応じた能力を基準としています。質問そのものが子どもの年齢のレベルを超えている場合、飛ばして次の質問に移ってかまいません。たとえば、イメージをつなぐことに関する項目は、4歳の子には適当な質問ですが、1歳の子にはとてもまだ無理でしょう。それぞれの質問項目でもっとも近いと思われる数字に丸をつけてください。

〔訳者註：文のない数字、例えば②は、①と③の中間と思える場合に選んで下さい。〕

1a. 大きな音、低い音調の音（たとえば、エンジン音）、**高い音調の音**（たとえば、バイオリン等の楽器の音）**を聞いたとき、あるいは騒がしい状況**（ショッピングモール、空港、騒がしい教室）**にいるとき、聞こえてくる音に……**

① 圧倒され、逃げ出してしまう、取り乱してしまう。または暴れてしまう
②
③ 悩まされているのは明らかだが、短い時間なら、なんとか我慢できる
④
⑤ 相当の騒音でない限り、悩まされない
⑥
⑦ まったく悩まされない

1b. 1a.で説明したような音を、子どもが自分から欲しがったり、探しまわったりしているように思いますか？

① ほとんどいつも
②
③ ときどき
④
⑤ まれに
⑥
⑦ まったくない

2a. 視覚的に刺激の多い状況（まぶしい光、いろんな色、たくさんの人のいる状況など）**のとき、見えているものに……**

① 圧倒されて、逃げ出してしまう、取り乱してしまう。または暴れてしまう
②
③ 悩まされているのは明らかだが、短い時間なら、なんとか我慢できる
④
⑤ 相当の量の視覚刺激でない限り、悩まされない
⑥
⑦ まったく悩まされない

2b. 2a.で説明したような視覚刺激を、子どもが自分から欲しがったり、探しまわったりしているように思いますか？

① ほとんどいつも
②
③ ときどき
④
⑤ まれに
⑥
⑦ まったくない

3a. 子どもを抱きしめたとき、または何か衣服を身につけたときでも、触覚の感覚に……

① 圧倒されて、逃げ出してしまう、取り乱してしまう。または暴れてしまう
②
③ 悩まされているのは明らかだが、短い時間なら、なんとか我慢できる
④
⑤ 相当の刺激でない限り、悩まされない
⑥
⑦ まったく悩まされない

3b. 3a. で説明したような触覚刺激を、子どもが自分から欲しがったり、探しまわったりしているように思いますか？

① ほとんどいつも
②
③ ときどき
④
⑤ まれに
⑥
⑦ まったくない

4a. 痛みに敏感すぎるため、肌をこすられたり、たたかれたりするのをたいへん嫌がり、ちょっと怖がるほどですか？

① ほとんどいつも
②
③ ときどき
④
⑤ まれに

⑥
⑦　まったくない

4b. 痛いほどの刺激を、子どもが自分から欲しがったり、探しまわったりしているように思いますか？　たとえば、ほかの人にからだごとぶつかっていく、痛いぐらい激しい遊びに熱中するなど。

① ほとんどいつも
②
③ ときどき
④
⑤ まれに
⑥
⑧ まったくない

5a. においが強い環境にいるとき、またはほかの理由で、嗅覚が刺激されたとき（強い香水や食べ物のにおいなど）、そのにおいに……

① 圧倒されて、逃げ出してしまう、取り乱してしまう。または暴れてしまう
②
③ 悩まされているのは明らかだが、短い時間なら、なんとか我慢できる
④
⑤ 相当の刺激でない限り、悩まされない
⑥
⑧ まったく悩まされない

5b. 5a.で説明したような嗅覚刺激を、子どもが自分から欲しがったり、探しまわったりしているように思いますか？

① ほとんどいつも
②
③ ときどき
④
⑤ まれに
⑥
⑧ まったくない

6a. 強い味覚、初めて感じる味覚（たとえば、はじめて口にいれる食べ物）に接したとき、その味に……

① 圧倒されて、逃げ出してしまう、取り乱してしまう。または暴れてしまう
②
③ 悩まされているのは明らかだが、短い時間なら、なんとか我慢できる
④
⑤ 相当の刺激でない限り、悩まされない
⑥
⑧ まったく悩まされない

6b. 6a.で説明したような味覚刺激を、子どもが自分から欲しがったり、探しまわったりしているように思いますか？

① ほとんどいつも
②
③ ときどき
④
⑤ まれに
⑥
⑧ まったくない

7a. 規則的な動きのある状況（たとえば、メリーゴーランドやブランコに乗ったとき）では、その動きに……

① 圧倒されて、逃げ出してしまう、取り乱してしまう。または暴れてしまう
②
③ 悩まされているのは明らかだが、短い時間なら、なんとか我慢できる
④
⑤ 相当の刺激でない限り、悩まされない
⑥
⑧ まったく悩まされない

7b. 7a.で説明したような運動刺激を、子どもが自分から欲しがったり、探しまわったりしているように思いますか？

① ほとんどいつも

②
③ ときどき
④
⑤ まれに
⑥
⑦ まったくない

8. 年齢にあったレベルの粗大運動で、複雑な動きを行うことができていますか？（たとえば、新しいダンスのステップを習う、新しいスポーツを練習する、障害物コースをうまく通り抜けるなど）

① まったくない
②
③ まれに
④
⑤ ときどき
⑥
⑦ ほとんどいつも

9. 年齢にあったレベルの微細運動で、細かい作業が行えていますか？（たとえば、きれいになぞる、字を書く、たくさんのものが並んでいる絵を手早く描く）

① まったくない
②
③ まれに
④
⑤ ときどき
⑥
⑦ ほとんどいつも

10. 論理的で一貫した視点のもとに主張したり、ある主張からつぎの主張へと、論理的につながった文章を書いたりと、イメージをつなげることが年齢の割に上手ですか？

① まったくない
②

③　まれに
④
⑤　ときどき
⑥
⑦　ほとんどいつも

11. 一度に三つ四つと、たくさんのステップからなる言葉の指示を出されたとき、戸惑うことなく、同学年の子と比べて、スムーズに従うことができていますか？

①　まったくない
②
③　まれに
④
⑤　ときどき
⑥
⑦　ほとんどいつも

12. 講義を受けたり、話を聞いたりしている際、主題をとらえたうえで、ほかの話題が主題とどう関連するかと、話の全体像を意識することが、同級生よりもうまくできていますか？

①　まったくない
②
③　まれに
④
⑤　ときどき
⑥
⑦　ほとんどいつも

13. 年齢に応じたレベルで、話題を広く捉え、広く興味を持つ方ですか？　どんな話題でも、豊かで活き活きした連想と想像をふくらませていくことができますか？

①　まったくない
②
③　まれに

④
⑤　ときどき
⑥
⑦　ほとんどいつも

14. 家族のことを思い出して、家族の顔を、ありありと細かく思い描きながら、絵にかけますか？（言葉だけの人物描写でなく）

①　まったくない
②
③　まれに
④
⑤　ときどき
⑥
⑦　ほとんどいつも

15. 見当たらないもの、隠れているものを要領よく探して、見つけることができていますか？　どうやって探したらよいのか方向感覚で苦労していませんか？

①　まったくない
②
③　まれに
④
⑤　ときどき
⑥
⑦　ほとんどいつも

16. 視点の広い理論的な説明をすることが得意で、同年代の人よりも長けている方ですか？

①　まったくない
②
③　まれに
④
⑤　ときどき
⑥
⑦　ほとんどいつも

17. 物事の細かい部分や特定のことに集中する方ですか？（事実をこまかく、細部までとらえる）

① まったくない
②
③ まれに
④
⑤ ときどき
⑥
⑨ ほとんどいつも

参考文献

Brazelton, T. B., and J. D. Sparrow. 2001. *Touchpoints: Three to Six*. Cambridge, MA: Da Capo Press.

——. 2003. *Discipline: The Brazelton Way*. Cambridge, MA: Da Capo Press

——. 2006. *Touchpoints: Birth to Three*. 2d ed. Cambridge, MA: Da Capo Press

Bundy, Alison, et al. 2002. *Sensory Integration: Theory and Practice*. Philadelphia: F. A.. Davis.

Dennison, P. E., and G. E. Dennison. 1992. *Brain Gym: Simple Activities for Whole Brain Leaning*. Ventura, CA: Edu-Kinesthetics

Ferster, C. B., and B. F. Skinner. 1957. *Schedules of Reinforcement*. Englewood Cliffs, NJ: Prentice-Hall.

Feuerstein,R., L. H. Faik, R. S. Feuerstein, and Y. Rand. 2002. The Dynamic Assessment of Cognitive Modifiability: *The Learning Propensity Assessment Device —— Theory, Instruments, and Techniques*. Jerusalem: ICELP Press.

Furth, H., and H. Wachs. 1975. *Thinking Goes to School: Piaget's Theory in Practice*. New York: Oxford University Press.

Greenspan, S. I. 1975. "A Consideration of Some Learning Variables in the Context of Psychoanalytic Theory: Toward a Psychoanalytic Learning Perspective." *Psychological Issues* 9, no. 1. Monograph 33. New York: International Universities Press.

Greenspan, S. I., and N. B.Lewis. 1999. *Building Healthy Minds: The Six Experiences That Create Intelligence and Emotional Growth in Babies and Young Children*. Cambridge, MA: Perseus Publishing.

Greenspan, S. I., and S. G. Shanker. 2004. *The First Idea: How Symbols, Language, and Intelligence Evolved in Early Premates and Humans*. Reading, MA: Perseus Books.

Kranowitz, C. S. 1998. *The Out-of-Sync Child: Recognizing and Coping with Sensory Integration Dysfunction*. New York: Perigee/Penguin

——. 2003. *The Out-of-Sync Child Has Fun: Activities for Kids with Sensory Processing Disorders*. New York: Perigee/Penguin

Landigan, P., and H. Needleman. 2008. *Raising Healthy Children in a Toxic World*. Emmaus, PA: Rodale.

ウェブサイトの情報〔訳者註：全て英語のサイトです〕

ADD Resources
www.addresouces.org
223 Tacoma Ave. South,#100 Tacoma, WA98402

Attention Deficit Disorder Association(ADDA)
www.add.org
P.O.Box7557 Wilmington,DE 19803-9997 800-939-1019

Center for Children's Health and the Environment
www.childrenvironment.org
Mount Sinai Hospital One Gustave Levy Place P.O.Box 1057
New York,NY 10029-6574

物質的な環境については
Environmental Working Group
www.ewg.org

Healthy Child
www.healthychild.org

Interdisciplinary Council on Developmental and Learning Disorders(ICDL)
www.icdl.com
4938 Hampden Lane, Suite 800 Bethesda,MD 20814 301-656-2667

DIR/フロアタイムの専門家に相談するには
www.icdl.com/usprograms/clinicians/index.shtml

Lindamood-Bell system については
www.lindamoodbell.com
National Institute of Mental Health(NIMH)
www.nimh.gov

ADHD の診断、原因、治療の指針について、
www.nimh.gov/health/publications/attention-deficit-hyperactivity-disorder
からダウンロードできます。

解　説

広瀬 宏之

ADHDについて

ADHD（注意欠陥・多動性障害）は人口の3-8%に及ぶ発達障害の一つです。主な症状は多動、衝動性、不注意です。じっとしていられない、常に動いている、よくしゃべる、考えずに行動する、単調作業を長時間続けられない、忘れっぽい、些細なミスが多い、時間や物の管理ができないなどが特徴です。

脳内のドパミンやノルアドレナリン神経の機能異常が報告され、報酬系の問題[1]やDefault mode networkの異常[2]も示唆されています。発達に伴って症状が改善することが多いのですが、脳神経系の特性はあまり変化しないため、発達障害というよりも行動障害と捉える向きもあります。

治療は心理・社会的アプローチと薬物療法があります。前者には環境調整、ペアレント・トレーニング、行動療法などが含まれます。薬物療法の前に、周囲のおとなが本人の特性を理解し、適切な対応の工夫を行うことが必要です。特性に合わせた環境設定により、症状の軽減を目指すのです。

ADHDは発達障害の中でも唯一、主な症状に薬物が有効です。国内では2種類の薬物（メチルフェニデート徐放剤とアトモキセチン）が使用可能で、7-8割に有効と考えられています。ただし、18歳以降にはじめて診断がついた成人例については処方ができず、対応が問題となっています[3]。

グリーンスパンについて

本書は2009年8月に出版されたOvercoming ADHD: Helping Your Child Become Calm, Engaged, and Focused-Without a Pillの全訳です。

著者のスタンレー・グリーンスパンは、1941年6月1日にニューヨーク・ブルックリン生まれ、2010年4月27日ワシントンDC郊外のベセスダで亡くなった児童精神科医です。ジョージ・ワシントン大学の精神医学・行動科学および小児科学部門の臨床教授及びInterdisciplinary Council on Developmental and Learning Disordersの会長をつとめていました。

『Zero to Three 3歳までの精神保健と発達障害の診断基準』〔本城秀次・奥野光訳、ミネルヴァ書房、2000年〕の創案者の一人で、その他の著作も多く、『子どもの臨床アセスメント　1回の面接からわかること』〔濱田庸子訳、岩崎学術出版社、2008年〕『自閉症のDIR治療プログラム』〔広瀬宏之訳、創元社、2009年〕が邦訳されています。

DIRについて

グリーンスパンはDIR/Floortimeの創案者としても有名です。

DIRはDevelopmental,Individual-Difference,Relationship-Basedの略で、「発達段階と個人差を考慮に入れた、相互関係に基づくアプローチ」と訳されます。DIRの原則は次の3つです。

(1) Developmental：発達段階にあわせた関わりをする

子どもの成長を促すためには、その子の発達段階にあわせた関わりが不可欠です。人間の発達項目はそれぞれが独立して発達すると考えられてきましたが、近年、発達の各項目はお互いに深い関係があることがわかってきました。つまり、言語、運動、認知の発達などを独立して訓練するのではなく、それぞれの能力が子どもの中でどれくらい統合され、それぞれが全体の中でどのように機能しているかを考えて、包括的にアプローチしていく必要があるのです。

(2) Individual-difference：情報処理能力の個人差を考慮する

人が生きていくには、周囲から入ってくるさまざまな刺激に対する情報処理が必要です。しかし、生まれつきの神経学的な違いにより、情報処理能力には大きな個人差があります。この個人差を強く意識して関わることで、その子の認知や行動の能力をより発達させ、毎日の生活の質を高めることができます。

(3) Relational-Based：感情面で意味のある人間関係を大切にする

発達には、養育者との安定した温かい関係が欠かせません。発達障害は親子関係が原因ではなく、先天的な脳神経の機能障害です。それでもなお、十分な人間関係の中でこそ発達の力が十分に発揮されます。それは感情が発達に強く影響を及ぼすからです。例えば、公平という概念を学ぶには、公平もしくは不公平に扱われたという、感情を伴った体験をすることが早道です。感情は学習の原動力なのです。

Floortime について

Floortime は DIR プログラムの中核技法です。一日に数回、一回 20 分程度、おとなが床におり、子どもの目線で関わります。Floortime という名前の由縁です。関わりは発達段階に合わせて決定されます[(4)]。

Floortime には 2 つの目標があります。

(1) 子どものリードに従い、子どもの内側から自然に発生する興味を増やす

子どもの興味や関心は、その子の言動を通じてしか伺い知れません。特に発達障害の子どもの興味や関心は、定型発達のそれと異なる場合が多く、おとなのペースを貫く限り彼らをおとなの世界に巻き込むことは困難です。子どもの興味や関心につきあうことから始め、子

どもを我々の世界と結びつけていきます。

(2) 子どもが自ら外界と関わりたいと望むようにする

"自分でやりたい！"というモチベーションを大切にします。さまざまな活動やコミュニケーションを、おとなが無理にやらせるのではなく、子どもが自らそうしたいと望むようにもっていきます。

本書について

本書はDIR/Floortimeの特徴を踏まえ、ADHDの新しい療育技法を述べたものです。原題にもあるように、薬物を使わないADHDの治療を目指します。勿論、グリーンスパンは薬物を否定しているわけではありません。しかし、「薬物療法の前にできることはたくさんあります。薬物治療の専門家を紹介する前に6-12ヵ月間、包括的なアプローチを試してみることにしています。薬物を必要としない子どもが大勢いることは明らかです」（第2章）と述べています。

第2章に、基本となる7つの目標が記されています。

1. 運動機能を伸ばす
2. 動きや考えを、組み立ててつなげるようにする
3. 感覚の反応を調節する
4. ふり返って考える
5. 自己肯定感を確かなものにする
6. 家族内のダイナミクスを変える
7. 健康的な環境におく

DIRの原則にもあるように、運動面や感覚面の特性に注目します。感覚運動面を強化する訓練を行い、視空間認知機能、聴覚情報処理、実行機能の問題に対するアプローチを行います。付録の「感覚処理と

運動能力についての質問紙」も有用です。さまざまな感覚は、行動のみならず思考にも直結するのです。

苦手なことを克服するには、楽しくないと長続きしません。ADHDは単純作業を続けることが苦手ですからなおさらです。第4章にあげられているような楽しいゲームを行い、発達を促していきます。“進化しようゲーム”“さじ加減ゲーム”“からだ実感ゲーム”など、ネーミングからして楽しそうです。

家庭環境、特に家族メンバー間の力動（人間関係）も重要です。ここには精神分析からの影響を見てとれます。子どもの特性が強くても、家族がしっかりしていていれば生活の困難さは最小限ですみます。

本人の自己肯定感も大切です。第8章では「ぼくの脳みそはさいあく」とつぶやくマークの事例を通じて、改善方法が具体的に示されています。ここでは家族力動へのアプローチも述べられています。

第10章では物質的な環境について触れています。砂糖、食品添加物、大気汚染物質、光や音などの刺激のことです。これらに対する反応は個人差が大きく、「名探偵になったつもりで」子どもへの影響を探ることが重要です。そしてもっと大切なことは、影響を及ぼすか否かの結論ではなく、それを導いた研究に注目することです。被験者の均一性が確保されていなければ、いかなる結論も根拠に乏しいのです。

自己への気づき、内省を重視する点も新鮮です。自分を振り返って考える習慣を身につけることで、さまざまな問題が改善していきます。自己への気づきは、感覚への反応を調整するためにも必要です。「『ゆっくり動くの、あたし苦手みたい』『しずかな声だと大丈夫だけど、大きな声だと、怖くなっちゃうんだ、ぼく』こういう風に考えることができれば、自分自身をコントロールして、周囲の環境をよい方に改善させることが可能になるので、静かに集中していられます」（第5章）。

内省の重要性は、第11章に記されたスザンナという成人の事例でも強調されています。この点こそ、これまでの治療法にもっとも欠けていた視点かもしれません。さまざまな技法を駆使しても、これが欠けると成人のADHDは改善しません。ここにも精神分析からの影響が伺えます。グリーンスパンはワシントン精神分析協会の児童精神分析スーパーバイザーでもありました。一見、行動面にスポットを当てたような関わりの中に、力動的な視点が深く根づいているのです。

包括アプローチの面目躍如たるものがあります。

おわりに

筆者がDIR/Floortimeを知って5年が経ちました。この間、筆者は一臨床家から地域療育の責任者へと異動し、「自閉症のDIR治療プログラム」を訳したような十分な時間はとれなくなりました。それでもDIR/Floortimeに基づいた本書を紹介したいと思っていた時に、創元社の津田さんから越後先生を紹介して頂きました。お二人のご尽力で、本書を日本に紹介することができて本当に嬉しく思います。

DIR/Floortimeはおとなのメンタルヘルスの分野にも応用が利く考え方です。本書に続き、グリーンスパンのOvercoming Anxiety, Depression and other Mental Health Disorders in Children and Adults〔ICDL, 2009〕および、The Learning Tree: Overcoming Learning Disabilities from the Ground Up〔Da Capo Lifelong Books, 2010〕を遠からず訳出する予定です。

特に後者はグリーンスパンの遺作です。ご期待下さい。

(1) 人や動物の脳において、欲求が満たされたときに活性化し、快の感覚を与える神経系のこと。ADHDでは報酬系の反応が悪く、より強い刺激でないと快の感覚がもたらされない可能性が報告されています。

(2) われわれの脳は意識して何かをしていない時にも活動しています。このベースラインの活動、たとえていえば「脳のアイドリング状態」を示す領域はDefault mode networkと名付けられ、大脳の正中内側部近傍が責任領域として想定されています。アルツハイマー病、うつ病、自閉症、ADHD、統合失調症などさまざまな疾患で異常が報告されています。ADHDでは目標志向活動や課題達成活動の際に、鎮静化すべきDefault mode networkの抑制がかからずに、本来行われるべき能動的活動に干渉してしまうのではないかという仮説が提唱されています。〔Bush G. Cingulate, Frontal, and Parietal Cortical Dysfunction in Attention-Deficit/Hyperactivity Disorder. Biol Psychiatry. 2011〕

(3) 2010年6月より、小児期からアトモキセチンの治療を受けた患者で、18歳以降も継続処方が必要と判断された際には、有効性及び安全性を確認しながら、同剤の処方が可能になりました。

(4) グリーンスパンのWebサイトでFloortimeの実際を動画でみることができます(stanleygreenspan.com)
また、DIR/FloortimeのWebサイトからも多くの情報を得ることができます(www.icdl.com)

著者紹介

スタンレー・グリーンスパン
(Stanley I. Greenspan, M.D.)

1941年生まれ、2010年没。ジョージ・ワシントン大学の精神医学・行動科学・小児科部門の臨床教授。Floortime Foundationの設立者。発達および学習障害に関する学際的協議会（Interdisciplinary Council on Developmental and Learning Disorders）の会長、および「3歳までの精神保健と発達障害の診断基準（Zero to Three）」の創立会長をつとめた。長年の児童精神科疾患の研究に対して、アメリカ精神科協会の最高の名誉であるIttleson Prizeをはじめとする、さまざまな賞を受賞。40近い著作があり、12ヵ国以上で幅広く翻訳・紹介されている。

ヤコブ・グリーンスパン
(Jacob Greenspan)

DIR Support Services Centerにて、指導者の一人として「注意の問題」をはじめとした様々な困難を抱える子どもたちと関わっている。

監訳者紹介

広瀬宏之（ひろせ・ひろゆき）

1995年、東京大学医学部医学科卒業。同附属病院小児科、同大学院博士課程、国立成育医療センターこころの診療部発達心理科、フィラデルフィア小児病院児童精神科などを経て、2008年より、横須賀市療育相談センター所長。小児科専門医、小児神経専門医、小児精神神経学会認定医、臨床神経生理学会認定医。
著書に『図解よくわかるアスペルガー症候群』〔ナツメ社，2008年〕、共著に『アスペルガー症候群　治療の現場から』〔出版館ブック・クラブ，2009年〕、『療育技法マニュアル第18集　発達障害とのかかわり』〔小児療育相談センター，2009年〕、翻訳に『自閉症のDIR治療プログラム』〔創元社，2009年〕、など。

訳者紹介

越後顕一（えちご・けんいち）

2005年、京都文教大学大学院臨床心理学研究科博士（前期）課程修了。2006年、臨床心理士資格取得。2005年から、京都府八幡市教育研究所教育相談室カウンセラーとして、不登校などの苦労を抱える小中学生とのプレイセラピーや保護者へのカウンセリングをおこなっている。また、2006年から、京都市児童福祉センター発達相談所発達相談課相談判定係児童心理司として、幼児や小中学生への発達検査と、保護者への助言・相談をおこなっている。

ADHDの子《こ》どもを育《はぐく》む

2011年11月10日　第1版第1刷発行

著　者……………………………………………………………
スタンレー・グリーンスパン
ヤコブ・グリーンスパン
監訳者……………………………………………………………
広　瀬　宏　之
訳　者……………………………………………………………
越　後　顕　一
発行者……………………………………………………………
矢　部　敬　一
発行所……………………………………………………………
株式会社 創　元　社
http://www.sogensha.co.jp/
本社　〒541-0047 大阪市中央区淡路町4-3-6
Tel.06-6231-9010　Fax.06-6233-3111
東京支店　〒162-0825 東京都新宿区神楽坂4-3 煉瓦塔ビル
Tel.03-3269-1051
印刷所……………………………………………………………
株式会社 太洋社

ISBN978-4-422-11521-4 C3011